シリーズ・子どもと親のこころを支える①

わが子に障がいがあると告げられたとき

親とその支援者へのメッセージ

佐藤 曉 著

岩崎学術出版社

まえがき

この本は、障がいのある子どもを育てる親の人たちに向けた、応援メッセージ集です。

仕事柄、親の会や、保育園、療育機関などが催す保護者会に、よくよばれます。子どもがまだ小さくて、はじめて会に参加するお母さん（たまにお父さんも見かけますが、たいていはお母さん）は、わが子に障がいがあると告げられ、それだけで心が弱っています。出かけてはきたものの、とても心細そうです。

そんなお母さんを安心させてくれるのが、周りのお母さんたちです。どんな話にも耳を傾けてくれますし、ちょっと弱音をはいても、「あったあった、そんなこと」と、共感してくれます。つらいのが「自分だけではなかった」ことがわかるだけで、どれだけ救われることか。ひとりではないと感じたとき、ようやくなにかが動きだします。

それにしても、子どもたちや親の人たちとのおつきあいは、ずいぶん長くなりました。幼いころから、私のところにリハビリや療育に通っていた子どもたちは、四十代後半になりました。親は、らくらく還暦越えです。ともに歩んできた親の会もたくさんあって、二十年三十年と、続いているところがあります。振り返ると、大切なことをいくつも学ばせてもらいました。ほんとうに、ありがたいことです。

それで、せっかく学んだことは、人に伝えたほうがいいのではないかと、思いたちました。親の人たちが実践し、語ってくれたことがらを文章にしました。子育ての悩みや解決の知恵を、読者のみなさんと共有できたら幸いです。また、親たちの実践と語りから私は、この時代、人がどう生き延びていったらいいかを指南する、力強いメッセージを受け取りました。それも、随所でお伝えしています。

本文では、おおかた子どもが大きくなっていく時系列にそって、六十のテーマを設けました。個人が特定されないよう、固有名と内容の細部は変えてありますが、すべてノンフィクションです。登場するのは、発達障がいや脳性まひなど、障がいのある子どもとその親、そして支える先生です。障がいの種類が違っても、子育ての本質が変わるわけではないので、特定の障がいに限定しませんでした。また、哲学や脳科学など、アカデミックな話題を、ところどころに盛り込みました。ときには冷静に、わが子のこと、さらにはご自身のことを見つめるのもいいかもしれません。コラム（子育てアラカルト）では、お母さんやお父さんから寄せられた、子育てにかかわる質問を取り上げました。私がふだんお答えしていることを、端的にまとめました。

読みやすい文章になるよう、心がけました。いっしょにわが子を育ててくれる、保育園・幼稚園の先生や学校の先生にも紹介してもらえたら、嬉しく思います。みんなが、同じ気持ちで、子どもの将来を考えてあげられるのが理想です。

目次

第1章

障がいがある、ときかされて

1 大人の現実、子どもの現実

障がいがあること自体、けっして不幸なことではないのだといいます。テレビのドキュメンタリー番組などでは、よく、そのように報じられます。映像からは、たしかに、そのようなメッセージが受け取れます。

しかし、このことを、ほかでもない、わが子に起こった現実として引き受けなければならないとしたらどうでしょうか。そうとばかりはいっていられなくなります。他人事ではなく、自分たちの現実なのです。ふだんしっかりしている人でも、分別を失います。

しかも、その現実は、自分だけのことではないのです。家族や親族も巻き込んで、ときには、抱えきれないほど肥大化します。夫や両親の気持ちを考えて、期待に応えられなかった自分を責めてしまうこともあります。「家族に対して、ごめんなさいというのがやっとだった」と、その当時を振り返るお母さんがいます。つらすぎる話です。

こんな「大人の現実」があります。それはそうとして、視線をふと、生まれてきたあかちゃんの方に向けてみます。すやすや眠っているこの子は、何を思っているのでしょう。

「大人たちは、みな、大騒ぎしているようですね。ところで、ぼくは、どうしたらいいのですか」と、ぼやく声がきこえてきませんか。今宵はずいぶん冷えてきたし、おむつも濡れています。まずは、それをどうにかしてほしいと思っているかもしれません。

そう、あかちゃんは、自分を引き受けてくれる大人を「アテにして」生まれてきます。心理学や哲学では、このことを「予定」と呼んでいます。たとえば、探索反射（指で唇に触れると、顔を指の方向に向けて口を開ける）や吸綴《きゅうてつ》反射（口のなかに入ってきたものを強く吸う）といった、お乳を吸うための機能が、あかちゃんには生まれつき備わっていますが、それは、見たこともないお母さんの乳房を予定している、つまりアテにしているからだといわれています。また、あれほど力をふりしぼって泣くのも、お母さんが来てくれるのを予定しているからです。大人たちが考える、「健常／障がい」とか、「幸福／不幸」とか、そんな価値観とは無関係に、あかちゃんは、ただ、お母さんをアテにして、駆けつけてくれるのを待っています。これが、「子どもの現実」です。

私は、あかちゃんに、こういってあげます。「あなたのお母さんは、いま、ちょっと気が弱くなっているけれど、周りの人たちが、みんなで助けてくれるから大丈夫です。もうすこししたら、きっと元気になりますよ。だから、このまま、アテにして待っていてくださいな。ほんとうは、とても頼りになる人ですから」と。

アテにされているお母さん、あかちゃんが待ってます。いまは、あかちゃんの求めに、やさしく応えてあげてください。先のことは、そのあと、みんなで考えましょう。

2 揺れる気持ち

未熟児で生まれる子どもが、日本では、あまり減っていません。NICU（新生児集中治療室）から人生をスタートさせるこの子たちは、保育器のなかでたくさんの管につながれ、けんめいに生きています。病棟を訪ねると、ガラス越しに、張り詰めた空気が伝わってきます。

いまは四歳になる、マサキ君のこと。保育園におじゃました折に、お母さんからきいた話です。マサキ君は、超未熟児で生まれ、一年あまり入院しました。出産後、いっしょに帰るはずの子どもは、病院に残したままです。いるはずの子どもが家にいないという感覚は、経験した人でないと、わからないかもしれません。保育器のなかのわが子を見つめながら、今日も元気に育っていることに、ひとまず胸をなでおろします。そうかと思うと、この子は、こんな姿で生涯をおくることになるのかと、絶望的な気持ちになる日もあったといいます。心は、毎日、揺れ動きます。

マサキ君は、ほんとうによく頑張りました。体重も増え、退院の日を迎えることができました。周りの子どもたちが、すでに歩きはじめているなか、マサキ君は、お母さんからみると、「なにもできない子」だったそうです。それが、いまこうして、保育園に通えるようになりました。それだけで、奇跡です。ふらふらしていた足取りも、だいぶしっかりしてきました。

お母さんには、いま、マサキ君に望んでいることがなにか、尋ねてみました。すこし考えて出た答えは、「とくに、思いつきません」でした。以前のことを思えば、いまは驚くことばかり。なにかができるようになってほしいと願うよりは、今度はなにができるようになるのだろうと、楽しみに待つ気持ちのほうが強いということでした。こんなふうに思ってもらえるマサキ君は、幸せです。

それから一年、再び保育園を訪ねたときのことです。体格がひとまわり大きくなったマサキ君は、五歳児クラスのなかで、周りの子たちにすっかり溶け込んでいました。お友だちも、マサキ君のことをよくわかっていて、できないことがあると、優しく手伝ってくれます。とても雰囲気のいいクラスでした。廊下でお母さんを見かけたので、「だいぶ、しっかりしましたね」と声をかけました。「おかげさまで」と答えるお母さんは、柱の陰に隠れ、保育室のようすをじっと見つめています。「どうです?」と尋ねると、「なかなか、ほかの子と同じようにはできませんね」との返答でした。なにができるようになるか楽しみだと話していたお母さんでしたが、周りの子どものことは、やはり気になるのでしょう。そうだと思いますし、それでいいのだと思います。

比べてもしかたがないとわかっていても、比べてしまうのが親というものです。期待しすぎたらいけないと言いきかせながら、やはり期待してしまいます。どちらかではなくて、どちらの気持ちもあるのです。相反する気持ちを同居させ、はっきりしない、どっちつかずの態度で子育てをしたらいいのです。

3 日々の持続

長いおつきあいのお母さんから、電話をもらいました。三十歳になる脳性まひの息子さんがいて、小さなころから、私がリハビリをしてきました。この日の相談は、その子のことではなく、二つ上で、数年前に結婚、出産した娘さんのことでした。小学生のころは、弟さんのリハビリについてきて、待合室で宿題をしていました。お母さんにとっては初孫ができて、もうじき一歳になるのですが、成長が心配だというのです。お座りが遅く、歩く気配がないとのこと。息子さんの子育てを経験してきたお母さんですから、よけい気がかりだったのでしょう。話をきいて、ほんとうは早く行ってあげたかったのですが、頼まれないことをするのもどうかと思い、次の連絡を待つことにしました。

半年して、再び電話がありました。体重は標準、伝い歩きも始まっているようだったので、やがて歩けるようになるでしょうとお話ししました。それでもお母さんは不安なようで、病院に連れていったほうがいいかと尋ねるのです。大学の相談室に来てもらってもよかったのですが、いま思えば、私は、専門家であることより、家族の側にいる人であることを望まれていたのかもしれません。障がいがあったとしても、それは病院の先生に告げてもらうことなのでした。

そろそろ、ようすを見ているだけでは限界かなと考え、娘さん夫婦のお家を訪ねることにしました。

歩くほうは、心配ありませんでした。しかし、娘さんからじかに話をきくと、食べられるものが限られていたり、かんしゃくがひどかったりと、育てるのがたいへんそうでした。すでにお母さんは、孫に障がいがあることに気づいていたようです。娘さんには、そんなことをその場で告げるわけにもいかず、私は、しばらく、子どもさんと遊ぶことにしました。そのようすを見て、子育てのコツをつかんでくれたらと、期待したのでした。

帰りは、お母さんが、バス停まで車で送ってくれることになりました。停留所の手前で車を止めると、お母さんは、胸のうちを語りはじめました。「ほんとうは、大丈夫、どうもないっていってほしかった」のだと。弟さんを育ててきたお母さんは、私からみれば、とても強い人でした。そのお母さんが、「障がいがあると、うすうすわかっていても、大丈夫って信じたいのです。佐藤先生、私の気持ちがわかりますか?」と、いつになく強い口調で、行き場のない悲しみをぶつけてきたのです。時間が止まりました。しばらくしてお母さんは、「娘がかわいそうでしかたないのです」と、今度は静かに、心境を伝えてくれました。子育てで苦労を重ねてきた人の、重い一言でした。

あれからだいぶたち、娘さんは毎日、療育機関への送り迎えをしています。近くに住むお母さんは、「また置いていかれた」とぶつぶついいながら、お孫さんの面倒をみています。乗り越えたとか、そういうことではないのだと思います。かといって、慣れたということでもありません。日々の現実が、持続しているだけです。それが途切れそうになったら、また知らせてくれるでしょう。

4 求めない

すこし前に相談室を訪ねてきた、アユム君とお母さんです。アユム君は、幼稚園のときに、自閉症スペクトラムと診断されたそうです。小学校二年生になったいまは、通常の学級で学んでいます。人なつこくて、おうちでたくさんかわいがってもらっているオーラがありました。こういう子は、よほど面倒なことに巻き込まれない限り、心配いりません。

とはいえ、親としては、大丈夫だといわれても、にわかに納得して帰るわけにはいきません。実際、アユム君は、多動で多弁。好きなことは延々と話し続け、人の話がなかなかきけないのでした。学校では、注意を受けてばかりです。お母さんから、家や学校でのようすを詳しくきこうと思い、アユム君には、「となりのプレイルームで遊んでいようか？」と促しました。しかし、「ここで遊ぶからいい」と、ノートに絵を描き出すアユム君だったので、お母さんとの話は後回しにして、その場でしばらくつきあうことにしました。

楽しい時間でした。鉄道のことで、話が盛り上がりました。特急車両の型式、新幹線と在来線との乗り継ぎ術など、お母さんはほったらかしにして、マニアックな情報交換に、時間のたつのを忘れていました。もちろん、その間、さりげなく書字や計算技能のチェックなどをするのですが、学習面では、ほぼ問題なさそうでした。ひとしきり遊んでアユム君に、お母さんともお話ししていいかきいてみました。「いいよ」と答えるアユム君は、ノートを取り出し、再び絵を描きはじめました。

お母さんには、困っていることを尋ねたのですが、そこまで深刻ではなかったので、親として、してあげられそうなことを、いくつかアドバイスしました。強くお伝えしたのは、「アユム君の望むことをしてあげること」でした。鉄道ネタにつきあうのはおそらく無理なので、それ以外で望むことを挙げてもらうと、お母さんが作った夕食が大好きだとのこと。「ならば簡単。好きなご飯を作ってあげましょう。好物でお腹が満たされると、気持ちも安定して、子どもは言うことをきいてくれます。しっかり勉強して、お父さんみたいになれたらいいですね」とお答えしました。それだけでいいのかと、不審に思われたかもしれません。でも、来たときよりはだいぶ安心した表情で、二人は帰っていきました。

数日後、お母さんからメールをもらいました。わが子があんなに楽しそうに話しているのを、久しぶりに見たということでした。お母さんは、障がいのことを勉強し、自分がどうにかしなければいけないと頑張ってきました。ただ、力が入りすぎると、親の望むことが、子どもの望むことに勝ってしまい、親子ともども息切れしてしまいます。できるようになってほしいことは山ほどありますが、それを、子どもに直接求めないほうがいいこともあります。どうしてもさせたいときは、私たち専門家にいってください。実現できるよう、いっしょに考えますので。

◆コラム◆子育てアラカルト①

◆…待つこと我慢すること

待つことや我慢することのできないのが、子どもです。それは、教えないと、できるようになりません。教えるコツは、「いつまで待ったらいいか、いつまで我慢したらいいかという見通しを、子どもにわかるように示してあげること」です。私たちも、見通しがないまま、待ったり我慢したりすることはできません。駅で電車を待てるのは、定刻になったら来ることがわかっているからです。歯医者さんで我慢できるのは、虫歯を削ったら解放されることがわかっているからです。

子どもが待てない最大の理由は、「いつまで」という終点がみえていないからです。障がいのある子どもは、それを言葉でいわれてもぴんときません。だから、言葉以外の手段で伝える工夫がいります。

たとえば、外出するとき、お母さんが仕度をすませるまでの十分間、どうやって待たせたらいいでしょうか。時計がわかれば簡単ですが、わからない子どもには、「したくをするから、ちょっと、まっててね」と書いたカードを持たせておきます。準備ができたら、「おまたせ」といって、カードを受け取り、出かけます。銀行の窓口などで発行される、順番待ちのシートだと思ってください。カードは、もっていれば、かならず外に出られるという保証です。子どもは、はじめ、何のことか理解できないかもしれませんが、くり返すうちにわかってきます。

第2章

学校にあがるまでが、親がもっとも苦しい時期

5 親の悲しみ、子どもの悲しみ

人生が、かならずしもシナリオ通りに運ばないことは、誰もが知っているはずです。にもかかわらず、多くの人々は、不測の事態が、まさか自分の身に降りかかってくるとは、あまり考えずに生活しています。未来に起こるかもしれない偶有的な出来事に対して、人間の想像力は、残念ながら、働きが鈍いようです。

生まれてきた子どもに障がいがあると知らされたとき、なにかの間違いであってほしいと願った人は、少なくないと思います。発達障がいのように、ある程度大きくなってから診断がつくこともありますが、生まれたときには、こんなことになろうと、想像だにしなかったと思います。

子どもができると、親は、わが子とともに歩む人生のシナリオを描きます。両親とも仕事を続けるのなら、保育園に預けることを考えるでしょう。小学校と中学校は、地元の学校に通うとしても、習い事の一つぐらいはさせてあげたいし、塾にもお金がかかる時代ですから、経済的にも、親は頑張らないといけません。跡継ぎとしての期待が大きいお家もあれば、子どもの望むように、将来の道筋をつけてあげたいと思う人もいるでしょう。

ところが、子どもに障がいがあるという現実を前にすると、しばしば、このシナリオは破られてしまいます。新たに別のシナリオをつくろうにも、しばらくは、なにも手につきません。時がたつにつれ、すこしは先のことも考えざるを得なくなりますが、浮かんでくるのは、この子はふつうに学校に行けるのだろうか、学校に行ったらいじめられるのではないか、そして、将来一人で生きていけるのだろうかといった不安ばかりです。病院や療育機関を紹介してもらって、当面の見通しがたったとしても、子どもは、なかなか、親の期待通りに育ってくれません。その都度、シナリオを修正しなくてはならないのです。

さて、今度は、子どもの側から語ってみましょう。障がいがあるゆえに、どんなに頑張っても親の期待に応えられない悲しみが、子どものほうにもあるはずなのです。子ども自身に、そういう自覚はないかもしれません。でも、何をしても、親がいっこうに喜んでくれないとしたらどうでしょう。途方に暮れるしかありません。

子どもは、無理なことをさせようとしなければ、喜んで私たちの期待に応えてくれます。この仕事を長く続けてきて、つくづくそう思います。子どもの成長は、想定外のタイミングで到来します。いつなにが起こるかわからないのが、子どもの育ちというものです。

そういった、いわば育ちの偶有性にも想像力が働きにくいのが、私たちです。なので、日常生活をていねいに営みながら、子どもの成長を待ってあげることにしましょう。親の悲しみが、子どもの悲しみを上回らないようにすれば、やがていい結果は訪れます。

6 最善の判断

先日お会いした、あるお母さんの話です。

四歳になる息子さんは、周りの大人からたくさん可愛がられ、とてもよく育っているようにみえました。小学校も、通常の学級で十分やっていけそうでした。ところが、そのことをお母さんに伝えても、すぐには納得いかないのでした。お母さんとしては、そういうことは、これまでもあちこちできかされてきて、ありがたいのだけれど、でも、「本当のところ」がどうなのかを知りたいというのです。

親からすれば、できていることより、できていないことのほうが気になります。これまでしてきたことがこれでよかったのか、いましていることがこれで大丈夫なのか、本当はもっといい手立てがあるのではないかと、考えだすときりがありません。そして、将来、「あのときこうしておけば、こんなことにはならなかった」と、後の祭り的に後悔することを恐れるのです。するとどうしても、あれもこれもと、子どもに、そして自分自身にも求めてしまって、苦しくなります。「考えすぎなのでしょうね」と語るお母さんは、これ以上心配してもしかたないと知りながら、いまの自分は、なかなか変えられないようでした。

こんなお母さんたちに、どんな話をしてきたのだろうと、振り返ってみました。いろいろあるのですが、よくしてきたのが、「最善の判断」という話です。人は、そのときどきでもっともよいと思った、「最善の判断」をしています。たしかに、別の判断もありました。しかし、そのときは、考え抜き、悩み抜いた末に、いまに至る選択をしているのであって、ほかの選択肢は、実際、選ばれなかったのです。なぜなら、最終的に選んだ選択肢のほうが、その時点では、ほかよりもよかったからです。もっといい選択肢はなかったわけですし、あったら、そちらを選んでいました。「最善の判断」は、こうしてなされてきました。ですから、これからも、よく考え、慎重に進みさえすれば、大きく判断を誤ることはありません。大丈夫です。

ただし、自分で決めきれない場合、他人に話してみましょう。とくに、重大な決断を迫られているときは、一人で考えていても、いいようにはなりません。答えをもらおうとしなくていいのです。話をきいてもらっているうちに、自分の考えていることがさほど間違っていないのだと、確認できます。そうすれば、安心して先に進めます。

それにしても、どうして、こうくよくよ考えてしまうのか、我ながら呆れてしまうことがあります。仕方ありません、脳のクセです。これればかりは、自分で選んだわけではないのです。ただ、ものは捉えようでして、くよくよ考える脳だからこそ、大きなしくじりもせず、どうにかここまで来れたのです。よかったではないですか。

7 語り出すことは傷つくこと

「いつでも相談にいらしてくださいね」と、いわれます。私も、お母さんたちに、そういうことがあります。しかし、実際、「いつでも」訪ねてくる人はいません。遠慮もあるでしょうし、私が忙しそうにしているから、来づらいのでしょうか。

ところで、人が、そう簡単に相談に行けない理由は、もうすこし別の所にある気がします。それは、「語り出すことは、傷つくこと」だからです。もやもやしたことがあるとき、私たちには、人に話をきいてもらってすっきりした経験があります。なのに、語り出したら、反対に、傷つくといわれると、「どういうこと？」と思うかもしれません。

すこし考えればわかることですが、私たちは、話をするときに、かならず相手を選んでいます。どんな相手かというと、話したことを、「そうだね、それはたいへん」などと、共感してくれる人です。そうではなくて、「それは、あなたが間違っているからでしょう」と、はなから否定されてしまっては、こんな人に話さなければよかったと、後悔することになります。誰それかまわず語り出してしまうと、予期せぬ応答に、自分が傷ついてしまいます。

園や学校の先生から、「一人で抱え込まないで、何でも話してくださいね」と声をかけられたところで、親は、担任を選べません。気軽に話せといわれても、そうはいかないのです。相手が、語り出してもも傷つかなくてすむ人なのかどうか、わからないのですから。

話の内容にもよります。同じ子どもの話でも、たわいもないことと、そうでないことがあります。子どもを幼稚園に通わせているお母さんが、自分は子どものことを愛せないのだといっていました。こういう話は、そうやすやすと語り出せません。ひどい母親だと思われてしまうかもしれません。相手が、ひとしきり話をきいてくれたとしても、直後に、「でもね、お母さん……」と切り返されてしまうのが落ちです。

ちなみに、人を愛することにかかわっているのは、脳下垂体から分泌されるアレギニンバソプレッシン（ＡＶＰ）という物質だといわれています。ＡＶＰを受け取る受容体の数には個人差があって、それが特別に少ない人がいるそうです。どうやら、そのような人が、人を愛せないということらしいのです。だとすれば、そんなに自分のことを責めなくてもいいし、周りからも責められることではありません。こんなふうに冷静に受け止めてくれて、「あなたも辛かったでしょうに」といってもらえたら、どれだけ救われることでしょう。

しかし、そういう聴き手は、なかなか見つかりません。助けてもらうというのは、意外に難しいのです。いまはいなくても、やがて、わかってくれる人との出会いはあるものです。相談できる相手が見つかったら、それだけで大きな前進です。

8 療育とのおつきあい

近ごろは、児童デイサービスをはじめ、障がいのある子どもの療育をしてくれるところが、ずいぶん増えました。療育をめぐっては、お母さんたちからさまざまな質問を受けますが、私は、その効果や意義について、いま一度、冷静に検討する必要があると思っています。

はじめに、療育の効果にかかわることがらです。実際、期待していた効果を、親が実感できているかどうかは、微妙なところです。私は、研究者の立場から、また、四十年近く療育に携わってきた経験から、療育の効果は、「限定的である」と判断しています。限定的というのは、一つには、子どもによって効果に差があるということです。数カ月のうちに、見違えるほど成長をとげることがある一方で、半年たっても、あまり変わり映えがしないということもあります。また、療育先の環境設定のなかでは適切にふるまえても、ひとたびその場を離れると、相変わらずの生活が続いているということは、よくあります。これも、限定的であるということです。それゆえ、必ずよくなるとか、まして、障がいが「治る」といったニュアンスのことをアピールする療育には、飛びつかないほうが賢明です。

とはいえ、療育は、短期的な効果だけを求めて、行く行かないを決めないほうがいいと思います。

というのも、療育には、親が、自分の子どものことをよく知り、わが子にあった子育てができるように手助けをするという、とても大切な意義があるからです。子どもからすれば、お父さんやお母さんが、自分のことを、誰よりもいちばんよくわかっていてくれるということが、最高の支援なのです。

療育に連れていくと、すこし距離をおいて、子どもを見つめることができます。ようすをのぞいてみると、できたりできなかったり、楽しそうにしていたり退屈そうにしていたりと、いろいろです。ときには、もうすこし頑張ってほしいと思うこともあるでしょう。療育の先生とは、そんな姿を材料にして、わが子が、これまでどう育ってきて、この先どう育っていきそうなのか、あれこれお話ししてみたらいいと思います。子どもの成長について、いっしょに語ってくれる人がいるというのは、親にとって、とても大きな心の支えになります。

こうして、わが子が、いま、本人なりに頑張っているという事実を認めてあげられたらすてきです。そして、できれば、あとちょっと長い目で、成長を見守ってあげてください。すぐには、切り替えられないかもしれません。でも、親が、そんなモードになったとたん、なぜか子どもは、成長を加速させるのです。

療育をどうしようか迷っている人は、子育てのモードを変える一つのきっかけとして、近くの療育機関を訪ねてみるのもいいかもしれません。

◆コラム◆子育てアラカルト②

◆…言葉を育てる

子どもの言葉のことが、心配だといいます。発音が不明瞭で、きき取りづらいだけでしたら、多くは、年齢とともに改善します。ただし、就学が近く、早く治したいときは、「ことばの教室」といったところを訪ねると、専門の先生が、上手に発音する練習をさせてくれます。短期間で改善することが、ほとんどです。

言葉は出ていても、なかなか数が増えないので、訓練に行ったほうがいいかという相談も、よくあります。子どもが楽しく通えて、家族への負担も少ないのでしたら、問い合わせてみてもいいでしょう。

もちろん、ふだんの生活のなかでできることも、たくさんあります。その一つが、楽しい経験をさせてあげることです。家族で出かけて楽しいことをしてきたら、撮った写真や、買ってきたグッズを前に、そのときのことをお話ししたらいいと思います。経験が共有されていると、お家の人の話す言葉が、自然に子どもに入っていきます。子どもの話も、みんなできいてあげましょう。熱心にきいてくれる人がいると、おしゃべりは、格段に上達します。

◆…着替えや仕度は、いっしょにしてあげることから

着替えや仕度が、一人でできない子どもがいます。自分でさせようと、見ていただけでは、はかどりません。最適な方法は、いっしょにしてあげることです。

着替えの場合、「できるところは自分でして、できないところは手伝ってもらう」ことにし、「最後は自分でする」ようにします。靴下をはくのでしたら、途中まではお母さんが手伝い、最後

に引っ張りあげて、「できあがり」にするのは子どもです。

片付けも同じです。いっしょにしてあげて、最後の一つは、子どもが片付けます。「きれいになりました。おしまいです」と、片付けがすんで気持ちがいい感触を、子どもに残してあげましょう。

◆…排泄にかかわる困り事

トイレのしつけは、どこの家でも、苦労しています。ポイントは、あたりまえですが、「おしっことうんちは、トイレでするもの」という習慣をつけることです。

遊びに夢中になって失禁してしまうという程度でしたら、さほど心配はいりません。定期的に、あるいは遊ぶ前にトイレに誘うことで、おおかた解決します。

難しいのは、たとえば、「うんちは、和室の隅に立って、紙パンツのなかにするもの」と、子どもが決めてしまっているときです。決めるというより、そういうふうに、子どものからだが覚えてしまっているということが、よくあります。これを解除するのは、思いのほかたいへんでして、段階的にトイレに近づけていくしかありません。

うんちが出そうなときは、紙パンツのまま、トイレの前まで行けるようにします。はじめは、紙パンツのなかでかまわないので、トイレの前で排便できればいいことにします。ダンボールなどで、小さな囲いを作ってあげてもいいでしょう。できてきたら、トイレのドアを開けて、同じようにします。トイレのなかは、好きなキャラクターなどで、飾っておきます。

この先の手立ては、いろいろです。たとえば、紙パンツのまま洋式便器に座らせ、その姿を写真に撮ってカードにします。カードには、「じょうずに、すわれました」と書いて、トイレのドアノブにかけておきます。カードにシールを貼りながら、座る練習をするためです。最初は、「1、2、3」と、三秒座れたらいいことにします。無理に先に進もうとせず、トイレで座るイメージが脳に書き込まれるのを待つといった感覚でトライします。そうすると、ちょっとしたはずみで、便器に座ったまま、紙パンツのなかにうんちが出ることがあります。すでに紙パンツのなかにうんちをしてしまったときも、そのまま、いったん便器に座らせます。残りのうんちが、出るかもしれません。

ここまでくると、ゴールは間近です。ある子どもは、紙パンツのなかのうんちを便器に流すのを見て、何を思ったのか、次の日から紙パンツをはずして便器に座るようになりました。紙パンツがどうしてもはずせないときは、パンツに切れ目を入れることで成功した例もあります。

ただし、子どもによって、使える方法は微妙に違います。また、練習に適したタイミングというものもあります。去年は全然だめでも、今年の夏は、いけるかもしれません。

これまで、たくさんの事例を見てきて、きわめて障がいの重い子どもでないかぎり、小学校の三、四年生ぐらいまでに、排泄の問題は解決に向かいます。それまでが、あまりに長いのですが、やがてどうにかなるという見通しがあれば、親も頑張れます。

第3章

後悔しないための子育てのヒント

9 覆いをかぶせる

この時代、多くの人々が、前のめりにさせられている気がします。必要以上に早くから、未来に向けた準備をするよう、迫られているのではないでしょうか。

大学生は、学生生活のごく早い時期から、就活に関係する行事に追われています。就活をさほど気にしなくていい教育学部の学生さんも、すでに一年生のときから、教壇に立つ心構えのようなことを教え込まれています。そんな現実を前に、この子たちは、いったいいつ、大学生としての勉強をするのだろうと、心配になってしまいます。からだがつねに前のめりになって、「いま」に着地できずにいるのです。

同じことが、小学校にあがる前の子どもにもいえます。かつては小学生になってから始めていた習い事が、幼児期に侵入しています。悪いことばかりではないのでしょうが、一部の子どもたちは、ひどく疲れています。なんの防備もない幼い子どもが、大人社会の強い刺激にさらされるのですから、当然です。

前のめりの風潮は、障がいのある子の育ちにも、少なからぬ影響を及ぼしています。トレーニングという名のもとに、大人社会のスタンダードが、子どもに向けられています。ソーシャルスキルひとつとっても、幼い時分にそこまでさせなくてはいけないのか、首をかしげたくなることがあります。だいじなのは、むしろ、そういう価値観から引き離してあげることではないのでしょうか。

ルドルフ・シュタイナーという、十九世紀から二十世紀にかけて活躍した教育者がいます。ゲーテの哲学研究を出発点として独自に展開された教育実践は、日本にも、継承する人たちがいます。シュタイナーによれば、幼少期には、大人の社会でつくり出されたさまざまな人工物が、そのまま子どもに降り注がれるのを防ぐために、「覆い」をかぶせる、つまりそれらから遠ざけて育てるのがよいとされます。いまある社会制度や科学技術を、否定しているのではありません。それらに触れさせるには、適切な時期を待たなくてはならないというのです。

大人になって必要とされることは、もうすこし大きくなってから学んでも、十分、間に合います。まして、障がいがあるから、早く教えなくてはならないということはありません。育ちがゆっくりなぶん、「覆い」は、しばらくのあいだ、かぶせたままのほうがよいのです。覆いのなかでは、けっして自立を急かさず、反対に、安心して大人に依存する経験をさせてあげてください。依存ときくと、「依存心が強い」といったマイナスのイメージがありますが、そうではありません。それは、「自分だけでは叶えられないことを、人の助けを借りて実現すること」です。助けを借りたらいい思いができたという経験をさせることで、子どもには、信頼できる大人の存在を知らせ、人を信じる力を養いたいのです。信じられる大人に依存できるようになれば、覆いはいつでもはずせます。

10 心の交流

北山修さんという人の名前をきいたことがあるでしょうか。お若い方はご存じないかもしれませんが、『戦争を知らない子どもたち』『あの素晴らしい愛をもう一度』などの作詞を手がけ、一九七〇年前後を中心に、ミュージシャンとして活躍していた人です。芸能界を退いたあとは、大学に勤務しながら、精神科医として、診療と研究に携わってきました。

北山さんは、たくさんの著書を出版していますが、そのなかに、日本の浮世絵のことを書いた本があります。浮世絵では、よく、一つのものに、母と子がともに注意を向けている姿が描かれるそうです。たとえば、赤子を左腕に抱えた母親が、右手に持った鯉のぼりのおもちゃを子どもに見せている作品があります。母親は、手にした鯉のぼりを赤子といっしょに見ながら、「きれいだね」「かわいいね」などと、語りかけます。こうして、母親は、子どもと心を通いあわせようとするのです（きたやまおさむ・よしもとばなな『幻滅と別れ話だけで終わらないライフストーリーの紡ぎ方』朝日新聞社）。

ある対象を前に、ともに見たり聞いたり触れたりすることで、人と心を通わせるという体験は、ふだんの生活でも、よくあることです。友人とショッピングモールに出かけて、かわいい雑貨が並ぶお店に立ち寄ったとします。手にした商品を見て、「これ、どう?」「すてきじゃない?」などとおしゃべりしながら、買い物を楽しみます。いっしょに見て、感じとったことを共有し、共感しあうのです。反対に、「見て見て！」と注目を求めても、ろくに見てくれず、やっと見てくれても、「それのどこがいいの？」と応答されたら、がっかりしてしまいます。

ところで、障がいのある子ども、とりわけ自閉症や多動と呼ばれる子どもは、しばしば、このような場面で、育ちにつまずきやすいようです。同じものを、なかなかいっしょに見てくれず、絵本を取り出しても、次々と頁をめくってしまいます。読み聞かせという活動が、成立しないのです。また、そもそも、浮世絵の赤子のように、じっと抱っこされていないので、いっしょになにかをすること自体が、ありえないのです。

では、そんなとき子どもは、どのような気持ちでいるのでしょうか。心が通わずに、しっくりこない感覚は、子どものほうにもあるかもしれません。大人が差し出したものに興味を示さないとしても、この子たちはこの子たちなりに、周囲の世界からなにかを取り込んでいるはずです。子どもだって、自分が注意を向けているものを、いっしょに、見たり聞いたりしてほしいのではないかと思うのです。

それを叶えてあげるには、私たちのほうから、子どもが経験している世界に寄り添ってあげなくてはいけません。子どもの傍らで、その子が感じていることに、チャンネルをあわせてみます。しばらくそうしていると、ふと、心が通じあう瞬間があります。

11 心の基地をつくる

子どもに寄り添うといいます。きこえのいい言葉なのですが、寄り添うとは、いったいどういうことなのでしょうか。また、なにかコツのようなものがあるのでしょうか。

先日、自閉症の女の子が、若い両親に連れられ、相談室にやってきました。三歳を迎えて、まだ言葉がなく、症状も、ずいぶん重いようにみえました。とりあえず、家族三人で座ってもらい、女の子には絵を描いてあげました。幸い、私の手元をじっと見ていてくれたので、そっと色鉛筆を手渡しました。描こうとはするのですが、指先だけでつまむように鉛筆を持つものですから、筆圧がかかりません。そういえば、部屋に入ってきたときからかかとを浮かせて歩いていたので、この子はさぞかし過敏性が高いのだろうと、推測はしていました。両親に尋ねると、偏食は激しいし、着られる洋服も限られているとのことでした。

その後、数分もたたないうちに、彼女は席を離れ、プレイルームのなかを走りはじめました。止めても、おそらくパニックになるだけなので、そのままようすをみます。しばらくすると、お父さんが立ち上がり、相手をしてくれました。娘さんのことが、可愛くてしかたないようでした。彼女のほうも、お父さんをめがけて、突進していきます。お父さんは、つかまえて、高く持ち上げて、振り回して、そしてストンと落とします。二人でハアハアいいながら、しばらく、それをくり返していました。あれだけピリピリしている彼女と心が通じあうお父さんに、びっくりです。二人が共有していたのは、おもちゃとかではなく、この子が好きな遊びでした。たかいたかいに、ぐるぐるまわし。お父さんは、娘が望みそうな遊びをつくり、いっしょに楽しんであげたのでした。

それからもう一つ、大切なことに気づきました。お父さんのいる場所が、この子の「心の基地」になっていたことです。大はしゃぎしながら、疲れると、最後はお父さんの腕のなかで抱っこされるのです。このとき、あの強固な過敏性は、影を潜めています。

子どもに寄り添おうと、私たち臨床家がしてきたのも、たぶん、こんなことだったのだと思いました。たとえば、水槽のなかをじっとのぞき込む子がいます。ぶくぶく吹き出すあぶくがおもしろいのかもしれませんし、屈折した光がきらきらしていてきれいなのかもしれません。ためしに、あぶくが出てくるのにあわせて、「ぶくぶくぶくぶくぶくっ」といってみます。その場の出来事に、言葉を添えるのは、よくやるやり方です。やがて、その言葉を介して、子どもの目線と私の目線が重なりあってきます。あぶくをいっしょにみるモードになるのです。気がつくと、子どもは、私の膝の上に乗っています。こうして、「心の基地」をつくってきました。

12 やる気より記憶

子どもがすぐに動いてくれないと、親はいらだちます。朝は、言わないと着替えを始めないし、公園に連れていくと、帰りは決まって、なかなか車に乗らないのです。そんなとき、「どうして、うちの子は、気持ちの切り替えができないのだろう」と思ってしまいます。

よくある例を、紹介しましょう。自閉症と知的な遅れのあるかずさ君です。朝の仕度はもちろん、食事にしても、入浴にしても、行動を起こすまでにひどく時間がかかります。かたや、商業施設など、好きな場所に出かけるときは、さっさと動きます。この違いは何なのでしょう。

お母さんに、詳しくきくと、この子にとって、買い物に行くサインは、バッグから取り出された車のキーでした。それが、行き先までの空間的なイメージを思い起こさせるのです。玄関で靴を履いて、車に乗り込みます。いつもの道を通ってお店に向かい、車が駐車場に停まると、お気に入りの売り場に駆け込むといった、一連のイメージです。車のキーを見たかずさ君は、「あっ、あれか」と、記憶に留めているお店までの映像を思い浮かべ、「それならしてもいい」と行動を開始しているのです。

それに対して、たとえば着替えをするときには、「あっ、あれか」という映像が、目の前に浮かんでいない可能性が高いのです。朝の着替えでしたら、①パジャマを脱いで、②登園するときの服を着て、

③着ていたパジャマはたたんでかごに入れる、という一連の活動がイメージされていなくてはなりません。しかし、障がいのある子どもは、しばしば、それをイメージするという以前に、服を脱いだり着たりするのが、「着替え」という意味ある一つの活動なのだということが、わかっていません。「あっ、あれか」と思える、「あれ」に、着替えがなっていないのです。「着替え」という単位で記憶に登録されていない、ともいえます。

では、どうしたらいいのでしょうか。着替え自体を、子どもにとって、魅力あるイベントにするしかありません。小さな工夫でいいのです。着替えのかごに、好きなキャラクターのカードを一枚、日替わりで入れておいて、キャラクターといっしょに着替えるという方法があります。寝る前に、翌朝いっしょに着替えるキャラクターを選ばせておくのも、いいかもしれません。あとは、たいへんですが、辛抱強く、手を変え品を変え、続けてください。着替えという「ちょっと楽しい活動」をつくって、記憶に留めるのです。

すぐに動けないのは、気持ちの切り替えができないからではないのでした。「気持ち」の問題ではなくて、強いていえば、「記憶」の問題です。「あっ、あれか」と想起させたくても、そもそも、「あれ」にあたるものが登録されていないのですから、思い出しようがありません。できないことは、本人の気持ちや、やる気のせいにしないほうが、親も気が楽です。

13 主導権を親が握る

近ごろは、親が子どもに振り回される光景を、よく目にします。したいことが叶うまで泣き続けられ、悪循環だとは知りながら、子どものいいなりになっています。すでに四、五歳にして、主導権を子どもに奪われている例も、少なくありません。

主導権ときいて思い出すのが、小三の男の子を育てるお母さんです。食事の時間が、修羅場でした。夕食にお肉がないと激高し、ひどいときは、ちゃぶ台返しをしていました。シングルの子育てで、止められる人もなく、お母さんは、しぶしぶ肉屋さんに向かうのです。妹さんもいたので、ほんとうに気の毒でした。幸い、周囲の人の助けもあって、いまは住み込みの仕事についています。ボスのいる職場で、わりとうまくやっているようです。そういえば、小学生のとき、唯一言うことをきいていたのが、野球の監督でした。「この人についていくしかない」という、カリスマ的な大人に主導権を握ってもらったほうが、安定する子どももいます。

もう一つ、別の事例です。はじめて会ったのは、小学校高学年のときでした。学校では、いたってマイペースな子で、未完成の工作のことを思い出すと、給食の途中でも、続きをつくりはじめてしまうのでした。ひとたびやりだすと制止はきかず、周りの子どもたちも、諦めているようにみえました。

おうちでも、ようすはほぼ同じ。お母さんは、振り回されてくたくたでした。

先日、数年ぶりにお母さんに会いました。その後のことをきくと、高校を卒業し、運送会社で週三日ほど、仕分けの仕事をしているそうです。ただ、休みの日は、ゲームがやめられず、昼夜が逆転してしまうとのことでした。お母さんは、「相変わらずです」とぼやきながら、朝は自分が仕事に出かけるので、それにあわせて「ちゃんと起きて、朝食をとっていただく」のだと話してくれました。「言うことをききますか?」と尋ねると、「それは譲れません。こっちにも生活がありますから」と、きっぱりいわれました。

涙もろいお母さんですが、強い人でした。学校でトラブルがあるたびに、謝りにいきました。しかし、平穏なのは、直後の一週間だけ。同じことが、くり返され、またがっかりさせられるのでした。それでも、この子をなんとかするのは自分しかいないと、我が家のルールを決めて、譲らないところはぜったいに譲りませんでした。納得したことはきちんとする子だったので、家では、ちょっとした家事もしてくれました。いまでは、お母さんのことを気遣ってくれる、優しくて、頼もしい青年になりました。お母さんの粘り勝ちです。

帰り際、お母さんは、「最近ようやく、自分の時間がもてるようになりました。これからは、すこし遊ばせてもらいます。主導権は、子どもに譲ります」と語ってくれました。ところで、彼のほうはどうかというと、この家で暮らす限り、いまさら主導権を受け取る気はなさそうです。

14 叱らずに育てる方法

叱っていいのかと、尋ねられます。端的にいえることが、いくつかあります。

第一に、子どもが怖がるような叱り方をするのは、よくありません。大きな声を張り上げたり、体罰を与えたりすると、脳の発達に悪影響のあることが、科学的にわかっています。

第二に、恥をかかせるような叱り方をしないことです。人前では、叱らないようにしてください。ご自身のことを考えてみれば、わかります。職場でミスをしたときに、こっそり上司に呼ばれて注意を受けるのはしかたないとして、大勢の人がいるところで責められたらどうでしょう。それこそ、人前で恥をさらすことになります。

では、怖がらせず、恥をかかせなければ、叱ってもいいのでしょうか。叱るほかに、いい方法はないのでしょうか。私たちは、子どもを叱るときに、してはいけないことを知らせ、自分で気をつけるよう促します。たとえば、ものを粗末に扱ったり、乱暴な言葉をつかったりすると、周りの人が嫌な思いをするだけでなく、自分も嫌われてしまうのだということを、子どもにはわかってもらいたいのです。叱られた理由を汲みとり、ふるまいを変えてほしいのです。

ところが、子どもによっては、叱ってもなかなか響かないことがあります。してはいけないわけが、少々いってきかせたくらいでは理解できなかったり、わかっていても自分では気をつけられなかったりするのです。それでは、叱ること自体、意味がありません。こんなときは、どうしたらいいのでしょうか。二つ提案します。

一つは、してしまってから叱るのでなく、する前に「気づかせる」ことです。ある幼稚園の先生がしていたことを思い出します。靴のかかとを踏んだまま庭に出ようとした子どもを、さっと抱き寄せ、「とんとん」と声をかけながら、かかとに触れていました。子どもは忘れているだけです。その場で、すぐに、かかとを入れました。「何度いったらわかるの」と叱ったところで、子どもは「何度いわれても忘れるのだ」としか答えられないのかもしれません。いけないことをする前に、「どうするんだっけ?」と一声かけて、子どもが「あっ、そうか」と気づくようなかかわりをしてあげましょう。叱るよりは、はるかに効果があります。

もう一つは、何度も、時間をかけて「教える」ことです。高校生ぐらいになると、子どもは、かつて親からしつこく教えられた通りに、ふるまっています。親の前とは違って、外では案外、いい子にしているのです。親の言葉は、知らぬ間に記憶されています。人の脳は、意識にのぼらないレベルで、たくさんのことがらを取り込んでいることがわかっています。だから、いまは言うことをきかなくても、だめなものはだめ、そして何をしたら人が喜んでくれるのかということを、少々嫌がられても、ふだんからくり返し教え続けましょう。

◆コラム◆子育てアラカルト③

◆…駐車場で危ないめにあわないように

どんなに注意をしても、同じことをくり返す子どもがいます。

スーパーマーケットの駐車場で、車を止めたとたん、ドアを開けて走り出す子どもに、「危ないから、飛び出したらいけません」と説得しても、ほぼ効き目はありません。どんなに言ってきかせても、車にはねられて痛い目にあうという想像力が働かないのです。

では、どうするかというと、練習させるしかありません。飛び出さない練習です。具体的には、「車から静かに降りて、お母さんと手をつなぎ、店の入り口までゆっくり歩く練習」です。以下、ごく一例ですが、練習の「手順」と、それによって子どもに「期待する行動」（できるようになってほしいこと）を、順を追って示します。

①手順……スーパーに近づいたら、いったん車を止め、このあとどうするか（車から降りたら、お母さんと手をつないで歩く）を、確認します。紙に書いたメモを見せたほうが、集中して話をきける子もいます。

【期待する行動】話をきいて、車から降りたあとの行動をイメージします。

②手順……チャイルドロックをかけておいたドアを、外から開けます。

【期待する行動】ドアが開くまで、座って待ちます。

③手順……車から降りたら、すぐに手をつなぎます。手をつながないときは、もう一度車に乗せます。ちゃんとできなければ、「やり直し」です。

【期待する行動】手をつないで、歩く準備をします（たとえば、手をつないで、十数えます）。

④手順……手をつないで、ゆっくり歩かせます。「追い越し禁止」（お母さんを追い越さない）のカードを見せて歩かせるのも、一つのアイ

ディアです。走り出そうとしたら、いったん止めてください。落ちついたら、また歩きます。このとき、手を振り払って走り出したら、車まで戻ります。また、「やり直し」です。せっかくの練習が、なし崩しにならないようにしましょう。

【期待する行動】店の入り口まで、手をつないで、ゆっくり歩きます。

⑤手順……店の入り口まで来たら、カートに乗せます。

【期待する行動】カートに座ります。

子どもによって、手順のバリエーションは、いろいろ考えられます。細かくステップを区切って練習させることや、きちんとしないときには、やり直しさせることがポイントです。また、「期待する行動」は、子どもができることでなくてはいけません。「……しない」（たとえば、走らない、騒がない）、「静かにする」といったことがらは、そのまま子どもに求めても、するのは困難です。走らない代わりにどうするのか（たとえば、「十歩、ゆっくり歩いて、一休み」をくり返す）を、具体的に示してあげてください。

厳しいようですが、命にかかわることです。小さなころから、しっかり練習させましょう。練習をしても、なかなか成功しないようでしたら、もうすこし大きくなるまで、買い物には連れていかないほうがいいと思います。無理をすると、親子ともども、ストレスになります。

15 ごほうびを与えていいか

叱ることとあわせて、よくあるのが、生活習慣を身につけさせるために、ごほうびを与えていいかというお尋ねです。ごほうびがないと何もしなくなるのではないか、心配なのだといいます。

大丈夫です。ごほうびは、適切な行動を習慣づけるきっかけとして使います。もちろん、毎回お菓子を与えるのはまずいとしても、シールぐらいならかまいません。親にゆとりがあれば、ごほうびのスキンシップがいいですね。また、たとえば片付けなら、いっしょにしてあげることが、いちばんのごほうびになります。やがて子どもは、お母さんに見ていてもらうだけで頑張れます。最終的には、できた気持ちのよさや達成感が子どもに育ち、それが報酬となって、行動は習慣化します。

ところで、習慣化は、報酬系と呼ばれる神経回路の形成と関係があります。報酬系は、欲求と報酬（快・喜び・幸福感）に関係した回路です。脳科学では、中脳の腹側被蓋野《ふくそくひがいや》から側坐核《そくざかく》というところを中心とした部位を指して、報酬系、別名快感回路と呼んでいます。食欲がわき、食事をとると、お腹が満たされます。そうすると、脳は、生命維持に必要な、よいことがなされたと判断し、腹側被蓋野からドーパミンを放出します。ドーパミンは、報酬、つまり気持ちよさや幸福感をもたらします。人は、このような快感を得ようと、それがもたらされる行動をくり返すのです。ごほうびが、期待される行動をするきっかけとなり、やがて、それをすること自体が快感をもたらすようになります。報酬系の回路ができれば、もう、外部からのごほうびはいりません。

ところが、子どもによっては、ここで育ちにつまずいています。たとえば、一部のＡＤＨＤの子どもは、報酬系に関連する部位の働きが低下していることがわかっています。ほめられるようなことをなかなかしてくれないし、ほめたときにはどこかに行っています。また、できた快感を味わわせたくても、一つのことが長続きしないのです。親の努力が報われにくいのは、本来できあがっていくはずの、報酬系回路が形成されにくいことに、一因があるのだと思います。

しかし、長い目でみると、子どもは必ず育ちます。お母さんたちからは、「そんなに待たなくてはいけませんか」と、ため息がきこえてきそうですが、ここは辛抱です。ゲームにならあれだけ熱中するのです。報酬系ができないはずはありません。小さなことでいいので、人が喜ぶことをさせてください。食事のあとにテーブルを拭く、洗濯物をたたむといったお手伝いがいいでしょう。終わりが明確な作業のほうが、うまくいきます。すんだら、「今日もありがとう、助かったよ」と、翌日には「いつも助かるよ」といってあげます。二回目にほめられたときは、一回目にほめられたことを思い出します。もう一回ほめられると、一回目と二回目にほめられたことを思い出します。ほめられた感触を、記憶として蓄積させるのです。やりはじめは面倒がっても、すればそこそこ気持ちよくできるものです。ここまでくれば、お手伝いの報酬系が、うっすらと形成されはじめます。

16 説得より練習

何をさせるにも、いちいち言うことをきいてくれないわが子に、ひどく手を焼いているお母さんたちの話をききます。「言うことをきけるようになる魔法」でもあれば、どれだけ助かるかわかりません。

しかし、そんなものがあるはずもなく、解決のためには、冷静に手続きをふむしかありません。はじめにするのは、「問題が起きている場面を特定すること」です。どういう場面で言うことをきいてくれないのか、思い浮かべてみます。さっさとお風呂に入らない、片付けをしない、弟とおもちゃの取りあいをするなど、挙げたらきりがないかもしれません。これらのことがらを、一度に解決しようとすると、子どもも親もストレスになります。まずは、着手しやすい場面から、スタートします。場面を一つ選んだら、「作戦」を立てます。作戦という言葉づかいをしたのは、失敗したとき、人を責めずに、作戦がまずかったといえるようにするためです。結果が芳しくないと、まじめな人ほど、自分を責めてしまいます。作戦は、一人で考えるのではなく、家族、できれば園や学校の先生とも相談しながら決めます。そうすれば、一人で抱え込まなくてすみます。みんなで考えた作戦です。成功したら、みんなで喜びあえばいいし、うまくいかなかったら、再度、みんなで、考え直せばいいのです。

例を一つ、挙げましょう。子どもが動かない場面が、お風呂に入る前だとします。そのときの状況を思い起こしてみると、たいてい、ゲームやビデオに熱中しているのです。こういう場合、お風呂になかなか入らないというよりは、ゲームやビデオが途中でやめられずにいると考えた方がいいでしょう。だとすれば、簡単にやめられないようなことは、入浴前にさせないほうが賢明です。

そこで、今度は、子どもが「言うことをききやすい」生活の流れをつくります。たとえば、「十五分間ゲームができるチケットをちらつかせ、①お風呂に入る→②お風呂からあがってパジャマを着たら、チケットをもらい、ゲームをする→③夕食をとる」といった流れなら動けそうか、考えてみます。それでいけそうでしたら、あとは、練習です。「説得より練習」、言うことをきくように説得する時間があったら、こつこつと練習させてください。

それにしても、親が困っていることは、まだたくさんあります。こんなことをしていて、いつになったら、自分でできる子になるのか、考えただけで、気が遠くなりそうだという人もいるでしょう。気持ちはわかりますが、現実には、一つずつやっていくしかありません。

すると、どういうわけか、問題が、一つ二つとクリアされるにつれて、ほかの問題も、ぼちぼち解決しはじめるのです。気がつくと、以前よりは、ずいぶん手がかからなくなっています。

17 苦手なことで勝負をしない

「もうすこし、頑張れないものか」と、わが子に期待してしまうのが親心です。発達障がいとはいわれたものの、ふだんの生活は、ほぼふつうにしています。ただ、幼稚園に行くと、ちょっとしたことでつまずいては、自信を失っているようなのです。そんなようすをきいて、可哀想になることもあるのですが、やはり苦手なことにも、すこしは挑戦してほしいという気持ちにもなります。もちろん、家でできることがあれば、してあげたいところです。そのヒントになりそうなことを、コラム（子育てアラカルト）にまとめましたので、よかったら参考にしてください。

ところで、親には、反対に、「そんなに頑張らなくていいよ」という、気持ちの余裕も必要です。全部のことができなくてもいいのです。園や学校というのは、とても不思議なことをさせるところです。なぜなら、大人になってほぼしないことを、子どもにさせているからです。大人が縄跳びをするとしても、ダイエットが必要なときぐらいでしょうか。それでも縄跳びは、健康維持に役立つとして、逆上がりはどうでしょう。校庭で、大人が一人、逆上がりをしていたら、不審者扱いされます。水泳だって、いまどきは救命具が普及していますし、人間は陸に住む動物です。泳げなくても、そんなに困りません。いいすぎでしょうか？

消極的にきこえるかもしれませんが、親にはぜひ、「苦手なことで、勝負をしない」という価値観をもっていてほしいと思います。大半の大人は、わざわざ自分の不得意分野で仕事をしていないのです。勝ち目がないですから。しかし、子どもは、大人のように選り好みができません。通う学校は決められていますし、子どもによっては、求められる活動のほとんどが、苦手分野なのです。しかも、いまの学校は、拘束時間が長すぎます。ともかく、しばりだらけでたいへんです。学校に行かなければ、子どもはなにも困らないのかもしれません。にもかかわらず、親までが、学校の味方になってしまったら、子どもは、ストレスをはき出す場がなくなります。余談ですが、私自身、昔の学校だったからどうにか行けていましたが、いまの学校だったら、毎日通える自信がありません。

子どもを助けるためには、暗黙のルールでいいので、「わが家のルール」を作ってあげてください。それは、子どもに「無理をさせない」、できなくても親は「気にしない」ルールです。逆上がりができなくても、「まっ、いいか」と片付けられるようにしましょう。

もちろん、それでも、子どもがしたいと訴えることがあります。友だちの手前、できないのが悲しいことだってあります。そんなときは、すこしだけ、練習につきあってあげてください。「あなたもたいへんだね」と共感しつつ、運良くできたら、いっぱい喜んであげましょう。練習してもできなかったら、「わが家のルール」を適用します。子どもには、「覆い」をかぶせ、周りの重圧から守ってあげてください。

18 園と家では違うもの

園でのようすと家でのようすが、ぜんぜん違うのだといいます。園でできていることが家ではできず、家でできることが園ではできないのです。どうしてなのでしょうか。

子どもの「できる／できない」は、環境とセットにして考えてあげなくてはいけません。とくに、障がいがある場合、「限られた環境条件のもとでだけできる」ということが多いのです。それゆえ、環境が変わったとたん、たちまち、できるはずのことができなくなるのです。食事もトイレも、することは、家でも園でも「同じこと」ではないかと、私たちは思います。しかし、子どもにとっては、環境が違うと、「同じこと」でなくなるのです。

三歳で保育園に入園した、壮士君の事例です。入園して一年あまりの間、お茶だけはどうにか飲むようになったものの、食べ物は、いっさい口にしませんでした。家庭では、静かなダイニングで食事をしている壮士君です。偏食がひどく、食べる日と食べない日のムラはありましたが、そこそこの量は食べていました。しかし、広くて、騒がしくて、しかも独特なにおいのする保育園の食堂は、壮士君にとって、食事をする場所ではなかったのでしょう。過敏性が高く、また空腹感をあまり感じないのだとしたら、食べるスイッチは入らないのです。

こういうときは、どうしたらいいのでしょうか。どんなに頑張っても、園では、家と同じダイニングスペースを用意するわけにいきません。それでも、あれこれ工夫をこらしているうちに、解決の糸口がみえてくることがあります。

保育士の先生たちは、食堂の隅に仕切りをし、周りからの刺激に直接触れなくてすむスペースを用意しました。お母さんには、お弁当箱の中身を、ほんのわずかにしてもらいました。しばらくはなにも進展がなかったのですが、ある日のこと、ひょんなことがきっかけで、食べるようになりました。

入園して二年目に、その奇跡は起きました。きっかけとは、ピタゴラスイッチのおもちゃでした。スタート地点からボールを転がし、仕掛けをくぐってゴールに着くと、「ピタゴラ〜スイッチ♪」と、音声が流れます。音声が出るタイミングで、保育士は、ご飯を一口食べてみせました。「ピタゴラ〜スイッチ♪、パックン」というふうにです。これが、壮士君のツボにはまりました。この日は、三口、保育士のまねをして食べることができたそうです。

その後も、すこしずつですが、食べる量が増え、お弁当箱には、食べられそうなものを半分ぐらい詰めてもってくるようになりました。あるとき、園で、お母さんとお話しする機会がありました。私の姿をみるなり駆け寄ってきたお母さんは、スマホを取り出し、空になったお弁当箱を、嬉しそうに見せてくれました。

19 きょうだいは、それぞれに可愛がる

障がいのある子どもに手がかかり、上の子や下の子に、寂しい思いをさせてきたのではないかと、ときどき心配になります。きょうだいをめぐるテーマについては、実証的な研究が限られているため、私の限られた経験から語るしかないのですが、ここでは、いつもお母さんたちにお話ししている内容を、かいつまんでお伝えします。

きょうだいは、どちらも「それぞれに」可愛がってあげるしかありません。「同じように」ではありません。同じようにしてあげたいというのは、親が主語なのです。そうではなくて、子どもを主語にして、きょうだいそれぞれが、「望んでいるように」してあげるのです。なので、可愛がるというよりは、子どもの気持ちを「満たしてあげる」といったほうがいいかもしれません。どうしたら満たされるかは、きょうだいで同じではありませんから、それぞれに、望んでいることを見つけてあげましょう。

ところで、きょうだいには、月に一回でいいので、しっかりとかかわってあげたらいいと思います。子どもによっては、してほしいことがなにかときかれても、「別にない」と答えるのです。あまりに欲がないと、親として、よけい可哀想に思ってしまいます。そんなときは、たとえば、いつも行って

いるお店に、その子だけ、連れ出してあげてください。その場では、そんなに喜んでいないようにみえても、あとになって、「あのとき、買い物に連れていってもらったのが嬉しかった」と、話してくれるものです。

とはいえ、こんなことが、いつもできるわけではありません。それでは、どうするかというと、私たちにできるのは、「帳尻あわせ」なのかなと思います。「先月は忙しくて、なにもしてあげられなかったけれど、今月は、いっしょに料理を楽しむ日がつくれた」と、数カ月の単位でみたら、まあまあしてあげられたというのなら、それで十分です。

長年、療育を続けていると、かつていっしょに来ていたきょうだいの子が、大きくなって立派にやっている姿を見せてくれます。きょうだいの目には、親がいっしょうけんめい子育てをしてきたようすが、焼き付いているようです。たいへんなときは、親がしてきたのと同じように、手伝ってくれます。そうかと思うと、親に甘えたり。いえ、甘えるというより、いくつになっても、親に心配をかけながら、しかし、とてもいい感じで育っています。

話は変わりますが、先日、四五歳になる脳性まひの息子さんをもつお母さんから、すてきな話をききました。ずいぶん前に結婚した弟さんの子ども、つまりお孫さんが中学生になって、その子が、器用に、息子さんの車いすを押していたそうです。三十年前には、考えもつかなかった光景です。こんなこともあるものだと、お母さんと二人、感慨に耽っていました。

20 アドバイス通りにはいかない

子育てがうまくいかないときに、アドバイスをくれる人がいます。ありがたいのですが、実際、その通りにしてみても、なかなかうまくいかないものです。育児本にも、使えそうなアイディアがいくつかあります。しかし、わが子にはあわないのか、試してはみるものの、いつも途中で断念してしまうのです。

そんな折、同じ障がいがありながら、上手に子育てをしている人の話をきくことがあります。自分にはできないと、かえって自信をなくしてしまうお母さんもいます。でも、あまり心配しないでください。できる人は、ほんの一握りです。しかも、子どもの性格はみんな違うし、家庭環境も違います。なぜ自分だけができないのだろうと、ご自身を責めないようにしてください。

とはいえ、当面は、どうしたらいいのでしょうか。ヒントは、お母さんたちが、いつもしている子育てのなかにあります。ある親の会できかせてもらったやりとりを紹介します。それぞれのおうちの事情に密着した、ときには笑え、ときにはちょっと危なっかしいお話です。

「スーパーで走り回って困っている」と、若いお母さんが語り出すと、経験豊富なお母さんからは、「そういうときは、連れていかないのがいちばんですよ」と。家の外に飛び出すという悩みには、「うちなんか、家じゅう鍵だらけ。ホームセンターにいくと、内側からすぐに取り付けられる鍵が売っているから、お父さんにつけてもらったら？　それぐらいしてもらいなさいよ」と。また、食事に時間がかかって困っているというお母さんには、「時間が来たら、片付けてしまうのよ。そうしたら、慌てて食べるから」と、返ってきます。難しく考えてもしかたないので、みな、その場でできることをしてきたのです。

ときには、「おもちゃを買ってもらえなくて暴れたから、このあいだは、あまりに腹が立って、そのまま置いてきてしまいました」と、笑えない話も飛び出します。「えー!?」とざわめくのですが、その子どもさんの場合、そうすればあきらめて戻ってくるということが、お母さんはわかっているのでした。それをきいて、私も、「ときには、子どもに、あきらめていただくことが大切ですよ」と言葉をはさみます。ため息をつきながら、納得するお母さんたちです。

こんな人たちと話をしていると、煮詰まっていたお母さんも、すこしは気が楽になり、「まっ、いっか」と思えてくるのです。開き直りも、大切です。無理にどうにかしようとしても、できないものはできません。いましていることに、ちょっと付け足した程度のことを、こつこつしていくしかありません。

三年後ぐらいには、きっと、「あのころは、たいへんだった」と、思い起こすときがやってきます。苦労を重ねてきた先輩のお母さんたちが、そういっています。

◆コラム◆子育てアラカルト④

◆…終わる練習

よくきく親の困り事は、ゲームがやめられない、外出先の遊具で遊びはじめると帰るのに一苦労するといったことです。次の活動への切り替えができない子どもに、親は、どう対処したらいいのでしょうか。

解決には、「終わる練習」が必要です。練習なので、難易度の低いことからはじめます。

難易度が低いのは、好きでないことをやめるときと、次にすることが魅力的なときです。面倒な学校の宿題は、やめていいといわれれば、すぐにやめるでしょう。公園で遊んでいて戻ってこないときは、次に行く先がより魅力的な場所なら、すぐに車に乗り込むはずです。反対に、難易度が高いのは、好きなことをやめるときや、次にすることが、特段、魅力的でないときです。親を悩ませるゲームは、それ自体が好きなことである以上、終えるのがとても難しいのです。

さて、練習ですが、もともと切り替えがしやすい場面で、「すぐに終わる」とはどういうことかを教えることから始めます。終われない、切り替えのできない子どもは、そもそも終わるということの意味が、わかっているようで、わかっていないのです。わかっていないのでしたら、教えるしかありません。

うまく切り替えられたときには、「すごい、すぐに終われた！」と、終われたことに対して、おおげさにほめてあげてください。たとえば、ショッピングセンターに行く途中で、キャラクターのポスターに目がとまったとします。すこし見て、すぐに立ち去れたら、「すごい、すぐに終われた！」といってあげます。広場で出会った着ぐるみも、ちょっと触れば気がすみます。そんなときも、触れるのをやめたとたん、「終われたね」と言葉を添え、「終わる」というのがどういうことなのかを教えます。

辛抱がいりますが、練習すれば、必ず終われるようになります。

◆…外に出るときに

気がつくと、家の外に飛び出していて、危ない目にあったという話をききます。命にかかわることなので、これぱかりは、しっかりと対策を練りましょう。

このことを、親の会で話題にすると、お母さんたちからは、たくさんのアドバイスがもらえます。みんな、同じような経験をしているからです。鍵の工夫は必須です。かけてもはずされてしまうのでしたら、高い位置に取り付けられる鍵を、ホームセンターで購入しましょう。お店の情報は、お母さんたちがもっていますが、出かけてみると、近ごろはいろいろなグッズが出回っています。お家にあったものを見つけてください。

知的に高い子どもでしたら、「外に出られるのが、いつなのか」を、わかりやすく示します。たとえば、出かける十五分前になったら、玄関やリビングに、「おみせに、いきます」と書いた札をかけます。そうすることで、反対に、「札がないときには、行けません」というメッセージが伝えられます。札の出し入れは、親がすることにして、子どもには触らせません。

ドライブに連れ出すときも同じです。夜中に車を出せと、大騒ぎされると、親は困り果てます。ドライブに行けるときだけ提示するドライブカードがあると、カードがないときに、出かけるのを「あきらめる練習」ができます。ただし、障がいの重い子どもで、カード自体にこだわってしまい、カードがないとかえっていらだってしまうようでしたら、使用を中止します。そういうときは、車のキーを、見えないところにしまって、今日はもうおしまいなのだということを示します。

親も、できることとできないこと、できるときとできないときがあります。それを子どもに伝えることが、子育てには必要です。

◆…勝ち負けと一番

勝ち負けや一番へのこだわりが強くて、困っているのだといいます。そんなとき、私は、二つのことをお話しします。

一つは、大人たちのほうが、よほどこだわっているということです。勝ち負けや一番ばかりを気にしているのは、むしろ大人です。子どものことを、とやかくいえないはずです。

もう一つは、こだわりが強いといわれる子どものほうも、困っているということです。その子にとっては、「ゲームをして勝つ」のがゲームであり、「一番にバスに乗る」のがバスに乗ることなのです。それだけのことです。勝ち負けや一番が、特別に「好き」なわけではないし、こだわっているわけでもないのです。それでだめだといわれても、困るのです。

それゆえ、私たちができることは、勝つ以外のゲームへの参加方法や、一番以外のバスへの乗車方法を教えることです。負けたり、二番になったりするシナリオにそって、がっかりせずにふるまえるようになれたらいいのです。練習すれば、必ずできるようになります。

それにしても、大人こそ、勝ち負けや一番という観念から、もっと自由になれたらいいのにと思います。

第4章

就園就学をひかえて

21 一人きり、二人きり

お正月が明けて、まもないころのことです。障がいのあるわが子を、春から保育園で生活させたいと願う親の人たちと、個別懇談会をしました。

親子そろってお会いするのですが、はじめての場所が苦手な子どもは、怖がって会場の建物に入れません。泣き叫ぶわが子をなだめきれず、しかたなく駐車場に引き返すお母さんとは、寒空のもとで、立ち話をすることになります。三歳になって、ようやく、引き受けてくれる保育園が見つかったのだそうです。本当によかったと、心からそう思いました。一、二歳のころは、おうちでお母さんと二人、さぞかしたいへんだったことでしょう。だいぶ成長したとはいえ、四月からやっていけるのか心配だといいます。こんな話のさなか、お母さんに抱かれたその子の顔をのぞいたら、さっと顔をそむけられてしまいました。大人の会話をきいていたのでしょうか。「この子は、大丈夫。慣れるのにすこし時間はかかるけれど、必ずうまくやっていけます」とお伝えしました。

次にやってきたのは、バギーのなかで布団にくるまれた、ダウン症の子どもさんでした。もうじき二歳になるのですが、体が小さく、周りをとても警戒しているようにみえました。生まれたときのことや、今日までの子育てのことをきかせてもらうと、強く胸を打たれます。しかも、たいへんなことは、まだ続くのでした。二週後には、心臓の手術を控えています。手術が成功して、体力がついて、体重も増えてくれたらと、祈るような気持ちになります。しかし、親は、祈ってばかりではいられません。この二週間は、子どもの体調管理に集中しなくてはいけません。これまでも、直前に熱を出し、二度、手術が延期になったとか。幸い、四月からの園は好意的に受け入れてくれるようだし、必要なことだけを確認して、あとは家でゆっくりさせてあげてくださいとお話ししました。

懇談に訪れる親たちのなかには、いま通っている園から、「うちでは、みられません」と、転園をせまられている人もいます。可愛がってもらえなかったわけではないのかもしれません。でも、うすうす感じつつも、そう告げられて、やっぱりうちの子は歓迎されていなかったのだという現実をつきつけられるのです。いまどき、保育園に落ちたなどと騒がれますが、子どもに障がいがあると、落ちる以前に門前払い、入れてもいつ退園を言い渡されるかわかりません。そんなことでいいわけがないし、そもそも、ふつうに保育園や幼稚園に子どもを通わせたいだけなのに、親がなんでここまで悩まなくてはいけないのでしょうか。

障がいがあるという理由で、親と子が、社会からの接続を絶たれるようなことは、けっしてあってはなりません。親を一人にしてはいけないと思います。お母さんを、子どもと二人きりにしてもいけないと思います。二人きりとは、『重症児ガール』（ぶどう社）の著者、福満美穂子さんの言葉です。味方になってくれる人はいます。いっしょに、歩んでいきましょう。

22 学校選びの基礎知識

最近は、保育園や幼稚園の先生たちが、とてもよくしてくれるようになりました。周りの子どもたちも、優しく世話をしてくれたり、いっしょに遊んでくれたりします。そんなようすを見ていると、ひとまずほっとします。

しかし、そうこうしているうちに、就学の時期は、あっという間にやってきます。義務教育なので、引き受けてくれるところがないということはありませんが、わが子にあった学校を選ぶとなると、何をどう見て判断したらいいのか、よくわかりません。

しかも、就学にかかわる事情は、地域によってまちまちです。それゆえ、就学に向けて親がどう動いたらいいかは、いちがいに語れません。それでもいくらかは、一般的にいえそうなことがあるので、お伝えしましょう。

就学の仕組み

法的には、それぞれの自治体が「就学指導委員会」という組織を設け、障がいのある子どもの就学について、お世話をしてくれることになっています。親、学校の先生、教育委員会の担当者が集い、必要ならば専門家の意見も求めながら、子どもにあった就学先がどこなのかを検討します。話し合いの内容を受けて、就学指導委員会は、最善とされる就学先を提示しますが、親としては、不服のある場合もあります。最近は、親の意見が尊重されるようになっていて、最終的に、親の意向を無視して就学先が決められることはありません。これが、一般的な流れです。

しかし、実際には、住んでいる地域によって、行政や学校の対応はまちまちです。場所によっては、医療機関での診断や知能テストの結果だけで「判定」がくだされ、ほぼ機械的に就学先が決められているところが、残念ですが、まだあります。かたや、自治体が雇用する専門のスタッフが、親と学校とのあいだを取りもってくれて、親が納得するまで、話し合いを続けてくれる都市もあります。

三つの選択

学校選びといっても、原則として、居住地の学区にある小学校の「通常の学級」と「特別支援学級」、または「特別支援学校」(「養護学校」という名称の地域もあります)という選択肢しかありませんが、自治体によっては、学区外の小学校や特別支援学校が選択できるところもあります。以下、それぞれの選択肢のよさと限界について、簡潔にお話しします。

○通常の学級

「合理的配慮」という言葉を、耳にします。障がいのある子どもが、仲間とともに育ちあい、学びあうために、必要な配慮や支援が提供されなくてはならないことが、法律で定められているのです。学校も、以前と比べると、ずいぶん手厚い支援をしてくれるようになりました。

授業の進め方も、変わってきています。たとえば、「協同学習」といって、子ども同士がペアや班をつくって活動する授業スタイルが増えてきました。そういった学びの場では、障がいのある子どもが、教室でひとりぼっちにならずにすみます。実際、保育園や幼稚園のとき、とても手のかかっていた子どもが、学校に通うようになると、いい感じで周りの子たちに溶け込んでいる姿を、私はたくさん見てきました。

また、「通常の学級」に在籍している場合、障がいの状態に応じて「通級指導教室」を利用することができます。専門性の高い先生が、ていねいに子どもをみてくれて、親の悩みも受け止めてくれます。親としては、とても安心です。ただし、校内に「通級指導教室」のある学校は限られているため、地域によっては、自分の学校の授業を半日休んで、別の学校の「通級指導教室」に通わなくてはならない現状があります。それが子どもにとって本当にいいのかどうか、判断は微妙なところですし、連れていく親の負担も考慮されなくてはなりません。

ここまでが、ふつうにいわれていることがらです。このあと、やや蛇足になるかもしれませんが、私の個人的な考えと、すこしのアドバイスを加えさせてください。

障がいのある子どもを、小学校の「通常の学級」に通わせることになると、親の精神的な負担は、思いのほか大きいように思います。担任の先生との人間関係づくりが難しい場合もあります。なにかトラブルがあると、しばらくの間、毎日のように電話が鳴ります。うまくいっていないことをたびたび告げられるのは、つらいものです。そんなことが重なって、親子ともども追い詰められているときに、突然、特別支援学級への入級を勧められたという例がありました。

学習面でも、学び方が周りの子どもと違うために、勉強嫌いになってしまうことがあります。高校進学までを考えると、基礎的な勉強はできるようにしておかないと、あとが困ります。担任の先生にお願いするのにも限りがあるので、家庭での学力補充は、やはり必要です。

そのほかにも、いじめにあったり、不登校になったりするのではないかと、心配事は尽きません。不登校は、親の生活にも、大きな影響を及ぼしますので、できれば避けたいところです。

それにしても、これだけいろいろあると、欠かせないのが、親の精神的な支えです。なにかあったときに、相談できる人が近くにいるでしょうか。家族の誰かが話をきいてくれるのがいちばんですが、家族以外にも、いざというとき、援軍になってくれそうな人を見つけておくと安心です。

○特別支援学級

特別支援学級の最大のメリットは、小さな集団のなかで、一人ひとりの学びのペースにあわせて指導をしてもらえることです。はじめから大きな集団に入れて無理をさせるよりも、低学年のうちは、特別支援学級の穏やかな環境で過ごさせたほうが安心だという親の思いは、けっして間違っていません。

また、わが子にあった支援が、学区から離れたところにある特別支援学校ではなく、地域の小中学校で受けられるというのも、特別支援学級のよさです。地域の学校ですと、通いやすいのはもちろん、通常の学級で学ぶ子どもとかかわる機会が失われずにすみます。

ただし、学校によっては、通常の学級との交流が、あまりうまくいっていないところもあります。形だけの交流になっていたり、ときには特別支援学級にこもりっきりになっていたりすることもあるので、入学前には、学校とよく話をして、通常の学級の子どもとの接点を、しっかりもてるようにしてもらいましょう。

○特別支援学校

特別支援学校は、子どもの障がいの状態にあった環境が、よく整備されています。

多くのクラスでは、複数の担任が、子どもたちの指導にあたります。また、職員のチームワークが強いため、少なくとも小学部、中学部、高等部という学部の単位では、先生たちが、担任以外の子どものことも、よく知っていてくれます。親にとっては、これも安心材料の一つです。

指導の方針は、学年の壁を越えて、ほぼ一貫しています。ですから、担任が転勤などで替わっても、教える内容や教え方が、大きく変更されることはありません。小中学校の特別支援学級ですと、担任が交替するたびに方針が変わり、子どもも親も戸惑うことがあります。しかも、卒業や入学によって、クラスのメンバーが入れ替わると、教室のムードが、がらっと変わってしまうことがあります。そういうことが比較的少なくてすむのが、特別支援学校です。環境の変化に、ひどく敏感な子どもさんは、特別支援学校のほうが安心して生活できるかもしれません。

さらに、特別支援学校では、障がいのある子どもたちが、仲間同士で、とてもいい関係を築いている例があります。たとえば、肢体不自由の特別支援学校に出かけると、子どもたちが、互いに理解しあい、支えあいながら、学びと生活をともにしています。このことは、親同士でもいえます。特別支援学校では、障がいのある子どもをもつ親たちが、ともに悩みを語りあい、必要な情報を交換しあっています。

他方、デメリットというか、いまの制度ではどうにもならない限界があります。なにより、地域から隔離されてしまうという現実は避けられません。居住地の小中学校との交流ひとつとっても、課題は山積しています。入学後、時間の経過とともに、地域との関係が疎遠になっていくのを感じます。それは、やはり、つらいことです。

地域による違いがとても大きい

先日、全国の学校の先生たちが集まる研究会に出かけました。分科会での発表を頼まれ、私の住んでいる中国地方の特別支援学級で、とてもすてきな授業をしている先生の実践を紹介しました。小学校の国語の授業でした。子どもたちが一生懸命にノートをとり、わかったことを発表しあう映像を見て、参加した先生たちは、ずいぶん刺激を受けたようでした。

ところが、ディスカッションのさなか、一部の地域の先生から、素朴な疑問が出されました。「さきほど見せてもらった子どもたちが、なぜ特別支援学級で勉強しているのかわからない」というのです。質問の背景を詳しく尋ねると、その先生が勤める地域の学校では、映像に登場したような子どもは、ほぼ百パーセント、通常の学級で学んでいるというのです。だから、私が紹介した特別支援学級の授業は、「ありえない」というのでした。

親たちにも、さまざまな考えがあります。住んでいるところが、自分の考えに近い就学環境であれば、なにも問題ないのですが、逆に、強い違和感を感じてしまうと、子どもの学校選びは、親にとって、ひどいストレスになります。

たとえば、通常の学級でやっていけそうな子どもでも、特別支援学級で学ぶのがあたりまえになっている地域があります。通常の学級への就学を望んでいる親にとって、そのような風土は、とうてい受け入れがたいのです。まっとうなことを望んでいるつもりでも、そのような環境に長く身を置くと、自分のほうが間違っているのではないかと、ひどく不安になるものです。

しかし、ある地域では常識だと信じられていることが、別の地域では非常識だということは、いくらでもあります。あまりがっかりしないでください。あなたの考えを支持してくれる人は、どこかに、必ずいます。

合理的配慮を、親もいっしょに考える

「合理的配慮」とは、当事者が望んだとき、周囲がそれに応えて、必要な配慮をしてくださいとい

うことです。制度化され、その実現に向けて、積極的に取り組んでいる学校や地域がある一方で、なかなか改革が進まない現状もあります。

権利として認められていることなので、子どもに必要なことは、どんどんお願いしたらいいと思います。ただし、すべてを園や学校任せにしてしまうと、いいようには運びません。先生たちとは、ともかく、よく話すことが大切です。そして、わが子にどんな「合理的配慮」があったらいいのかを、いっしょに考えてほしいのです。

宿題にしても、また、中学校に行くとなぜか重視される提出物にしても、子どもの障がいの状態にあわせた「合理的配慮」が、もっとなされなければいけません。それは、学校の先生だけでは行き届かないことがあります。わが子の扱い方、たとえば、どうしたらよく動き、どんなときに固まってしまうのかといった情報は、先生によく伝えてください。宿題や提出物は、中学、高校になっても、親が確認してあげる必要があります。放っておいてしないよりは、手をかけてでもさせたほうが、先々の自立につながります。

学校の先生には、親がそこまで手を尽くしたうえでお願いしたほうが、良質な「合理的配慮」が望めます。

気持ちよく引き受けてくれる学校や学級を選ぶ——最終的には親の「勘」

お母さんたちのなかには、就学をひかえた二年も前から、たくさんの学校に、見学に行っている人がいます。引っ越しをしてでも、わが子にあった学校に通わせたいと願う人も、少なくありません。

どこを選ぶにしても、いいところ、気がかりなところは、両方あります。考えすぎると、かえって、どうしていいかわからなくなってしまいます。そんな親の人たちに、お伝えしていることが、いくつかあります。

一つは、気持ちよく、わが子を引き受けてくれそうな学校を選ぶことです。親としても、そういう学校に子どもを預けたほうが安心です。このことは、通常の学級にするか、特別支援学級にするかを決めるときでも同じです。「ぜひどうぞ」と、歓迎してくれる学級で学んだほうが、子どもは幸せです。

とはいえ、入学のときによくしてくれた先生も、六年間のうちには、たいてい入れ替わります。そうなると、状況は一変するかもしれません。

その心配はもっともなのですが、こう考えてください。学校生活は、スタートが肝心です。長い小学校生活ですから、いろいろと面倒なことは起こります。はじめから、親も子も、不安でへとへとになってしまうのは辛すぎます。いいスタートをきることを、優先させましょう。

それでも心配だといわれる人に向けて、あとすこし付け加えです。学校という組織は、先生たちだけで構成されているわけではありません。子どもや親、そして地域の存在があっての組織です。それぞれの学校には、その校区に特有の風土があります。それゆえ、校長をはじめ、勤めている教職員の出入りがあっても、学校全体のムードのようなものは、あまり変わらないように思います。はじめて学校を訪ねたときの印象は、わりと、持続します。

もう一つ、よくお話しするのは、親の「勘」を信じることです。この学校は「感じがいい」と思ったとしたら、その感覚は大切にしてください。そんなものに頼っていいのかと、首をかしげる人がいるかもしれませんが、いえいえ、「勘」はだいじです。それには、ちゃんと理由があります。

一つめの理由です。直観的に、わが子のことをいちばんよく知っているのが、親だからです。周りの人からもらったアドバイスは、それはそれとして参考にしたらいいでしょう。でも、毎日育てている親だからこそわかる、わが子の性質というものもあります。口が達者なわりには、気が弱いとか。見た目よりプライドが高くて、人前に出るといいかっこをするとか。そんなことを、うすうす知っているというのが、親の勘であり、学校選びには欠かせません。

二つめの理由です。親から見た、「この学校は、そしてあの先生は、感じがいいな」という感触が、実はとても大切だからです。人の判断は、自分ではあまり意識していないところでなされていることが多いようです。「感じがいい」という感触が生じるのは、親自身が過ごしてきた学校生活の風景と、無意識のうちに重ね合わせているからです。だから、どことなく安心なのです。親がいいと思って勧めてあげられる学校なら、子どもにも、「学校って、楽しいでしょ」といってあげられます。そういってもらって送り出してもらえるのが、子どもにとっては、何より安心です。

人によって、感じ方は、さまざまです。客観的に、どこの学校がいいとか悪いとか、そういうことはないのです。自分は感じがいいと思っていても、ほかのお母さんは、まったく違う感触をもっているということは、いくらでもあります。そうなると、あちらの話も気になってしまいます。でも、人の評判は、アテになるようでならないもの。最後は、自分の勘を信じてください。

もっとも、自分たちの住んでいるところは田舎だから、選びたくても選びようがないという人も多いでしょう。大丈夫です。日本の学校の先生たちは、ひとたび子どもを預かれば、一生懸命に指導してくれます。最終的には、先生たちのことを信じて、学校生活をスタートさせてください。

◆コラム◆子育てアラカルト⑤

◆…指しゃぶりをなくす練習

指しゃぶりを減らすには、まず、どんなときにしているのかを書き出してみます。たいていは、「暇なとき」にしています。テレビやビデオをぼんやり見ているときが、意外と多いようです。

実際、書いてみると、親が気にしているだけで、さほど頻繁にしているわけではないことがあります。その程度でしたら、くわえている指にそれとなく触れて、「しないよ」というメッセージを伝えてあげてください。それだけで、だいぶ改善します。

とはいえ、指しゃぶりは、学校にあがってからも続いている子どもが、少なくないのです。通常の学級でも、低学年ですと、四、五人の子どもが、授業中にずっと指を吸っていることがあります。

さすがに、四年生ぐらいになると、周りの子どもから、「汚い」といわれてしまいます。その時期になっても治らないのでしたら、簡単な練習をしてみたらいいと思います。よくするのは、たとえば、ビデオを見ているときに、「ゆびしゃぶり、お休み中」と書いた札を用意し、テレビの横に置きます。指しゃぶりをしないでがまんする時間は、一分からはじめて、徐々に長くします。成功したら、札にシールを貼ってあげてもいいでしょう。ひとたびやめることが意識されると、その後は、短期間で解決します。

◆…話を聞かせる

話が聞けるようにするには、どうしたらいいかと、尋ねられます。園でも、人の話をあまり聞いていないらしいのです。

この答えは、わりと単純です。「聞いたらいいことがある」話をしてあげることです。私たちも、自分にとってあまり重要でない情報には耳を傾けませんが、たとえば、欲しかった商品のお買い得情報にならば、すぐに飛びつきます。

子どもも、同じです。子どもがよく聞く話は、三つです。おもしろい話、自分の利益になる話(何かを買ってもらえるなど)、そして自分のことをほめてくれる話です。

大人が聞かせたい話だけをすると、子どもは話を聞かなくなります。なので、はじめは、子どもが好む話を、短くします。きけたら、「さすが、聞くのが上手」と、暗示をかけるように、ほめてあげましょう。「聞くのが上手」といい続けて、本人をその気にさせるのがコツです。人は、思いのほか、暗示にかかりやすいのです。

それができてきたら、好きな話の前に、ちょっとだけ、こちらが聞かせたい話をします。テレビ放送でも、視聴者が知りたい情報は、しばしば、コマーシャルのあとです。

23 入学の準備

就学にかかわる次のテーマは、「学校にあがるまでに、しておいたほうがいいこと」です。お母さんたちの質問には、「平仮名ぐらいは、書けるようにしておいたほうがいいか」などと、勉強のことを心配する内容もあります。それにはきっぱり、「学校ですることは、早くからさせなくていい」とお答えします。もちろん、本人が勉強好きなら話は別ですが、学校の準備のために、幼児期の大切な時間を奪ってしまうのは、もったいないことです。子どもは、学校に行くために幼児期を過ごしているわけではありません。この時期にしかできないことを、させてあげてください。

では、準備はなにもいらないのでしょうか。大切なことが一つだけあります。「気持ちよく目覚め、しっかりご飯を食べて、機嫌よく登校できるようにすること」です。それさえできていれば、ほかに、なにも心配はいりません。反対に、目覚めは悪いし、やっと起きてきても、言われないと着替えをしないとなると、すこし手を打ったほうがいいかもしれません。

起きられないのは、寝る時間が遅いのも一因です。親もそれなりに努力はするのですが、なかなかいいようにはいきません。両親ともフルタイムで仕事をしていると、保育園の迎えは、ぎりぎりの時間になります。ばたばたと夕飯の仕度をし、食べさせて、お風呂に入れます。素直に言うことをきいてくれればいいのですが、ゲームを始めるとやめられないし、いちいちすることに時間がかかります。どう頑張っても、寝るのは十時。お父さんの帰りがちょうどそのころですと、寝かしそびれてしまい、布団に入るのが、十一時過ぎになってしまうこともあります。

どこかで時間短縮をしなくてはと思うのですが、親だって一日立ちっぱなし、一息つかないと先に進めないことがあります。時間の使い方が上手な人ばかりではありません。なにかいい方法がないものでしょうか。

一つのアイディアは、布団に入るまでの手順を、すごろくにしてあげることです。お風呂→歯磨き→パジャマ→絵本→おやすみなさい（ゴール）といったように、駒を進めながら寝る準備を整えます。寝かしつけた時間を記録することも大切です。早く寝た日は、親が自分に花丸、遅くなった日は、そのわけを書いておきます。後戻りしても、焦らずに続けてください。あとで読んでみると、いろいろなことに気づくものです。園や療育の先生に見てもらって、アドバイスをもらうのもいいと思います。

朝も、一工夫です。ご飯が好きな子なら、寝る前に「朝のメニュー」を紙に書き、食卓の上に置いておきます。好きなものが一品あると、目覚めは、なおよくなります。もう一歩進めて、朝の仕度も、手順を紙に書いておきます。ただし、見せればするというわけではないので、はじめのうちは、いっしょにやってあげてください。みんなが忙しい朝、一人でさせようとするとかえってこじれます。手をかけてあげてかまいません。結果的に、そのほうが、早くできるようになります。

24 周りの親への説明

この時代、親同士の関係が、とても難しいように思います。小学校、とりわけ通常の学級で学ぶことになると、周りの親との関係に、これまで以上に気を遣うようになります。幼稚園のときにあったトラブルのことを思い出し、「周りに迷惑をかけるようなことがなければいいのだけれど」と、祈るような気持ちで学校に送り出す人も少なくありません。気持ちはよくわかります。

人と人との関係は、親しいわけではないけれど知らないわけでもない、中途半端な知り合いとのつきあいがもっとも難しいといわれます。よく顔をあわせて話をする人なら、うちの子の事情は、だいたいわかっていてくれるだろうという安心感があります。反対に、大きな街に出かけて、知らない人ばかりのなかにいるときには、いろいろ気は遣うものの、なにかあっても、「すみません」といって帰ってくればすむのです。あとでまた会うこともないでしょうから。ところが、その中間で、クラスや登校班が同じといったレベルの顔見知りというのが、なかなか手強いのです。それほど親しくはないし、かといって無関係でもない人たちです。わが子のこと、そして自分のことをどう思っているのかが、とても気になります。ややこしいことにならないよう、前もって、周りの親には、わが子の事情を説明しておいた方がいいのではないかと、よく相談を受けます。

お答えの一つは、無理に説明することはないし、黙っていればわからないというものです。こちらが思っているほど、周りは気にしていません。しばらくようすをみるのもよいと思います。

一方、やはりトラブルになってからでは遅いので、はじめから説明をしておいたほうが安心だという人もいます。そのときは、事前に、学校の先生に相談することをお勧めします。同じような例があったかもしれません。また、地域や学校の風土も、先生たちはよくご存じなので、説明する場やタイミングなどについて、きいてみてください。建設的な意見が得られるかもしれません。

これまでも、担任が、クラス懇談会のときに、話題にしてくれたことがありました。そのような場合、会に先立って、仲のいいお母さんに、わが子の事情が話題になることを伝えておくと安心です。万一、話があらぬ方向にいってしまったときに、助けてくれます。サポートブックの用意があれば、このとき、皆さんに見てもらってもいいでしょう。

最後に、もう一つアドバイスです。はじめから、多くの人にわかってもらおうとしないことです。人はそれぞれ感覚が違います。わかってくれるほうが、むしろ稀です。しかも、わかってくれる人は、すこし話せばわかってくれるし、わかってくれない人には、どんなに説明を尽くしてもわかってもらえないものです。いえ、そもそもわかろうとする気がないのです。もし周りに、とげとげしている人がいたら、仕方ないと思ってください。そういう人とは、距離を置いたほうが、お互いのためです。わかってくれる人は、数人いれば十分です。

◆コラム◆子育てアラカルト⑥

◆…勉強は、おもしろそうに

興味が向いていないのに、無理やり、文字や数を教えないほうがいいと思います。学校に行ってからすることは、学校ですればよいのです。

そうはいっても、わが子が勉強についていけなくなるのが、心配でしかたない人もいるでしょう。できることがあるのなら、いまのうちにしておきたいという気持ちも、よくわかります。

就学前の子どもを、嫌がらせることなく勉強へと導くには、コツがあります。それは、子どもにさせたいことに、大人が、「おもしろそうに」取り組むことです。おもしろそうにしている大人の姿をみると、子どもは真似したくなります。教え込むのをやめて、子どもが、自分からしたくなるような雰囲気をつくるのです。

たとえば、読むことを教えたいときは、大人が読む姿を見せます。昆虫が好きな子なら、昆虫の図鑑を、親が「おもしろそうに」読んであげることから始めてください。文字を覚えさせたいときに、はじめから、子どもに書く練習をさせるのは、あまりいい方法でありません。まずは、大人が、子どもの好きなキャラクターなどを描いてあげます。描けなければ、本にある絵を、薄い紙に写しとります。描いた絵の横には、その名前を、「おもしろそうに」書いてあげます。文字の色を、子どもに選ばせてもいいですし、筆記具を換えてみるのも、おもしろいと思います。

こんなことをくり返しているうちに、子どもはやがて、親の見ていないところで、同じようなことをしています。保育園では、自分がしてもらったのと同じことを、好きなお友だちにしてあげているかもしれません。それが、いちばんの勉強です。

第5章

園や学校で育つ子どもたち

25 周りの子どもが知っていてくれる

本章では、ちょっとブレイクして、現場で見つけた、素敵なエピソードを紹介します。わが子が、園や学校で何をしているのか、気になって仕方ないお母さんたちに、いささかでも気持ちの明るくなるお話をしましょう。

はじめは、私たちが考案し、保育園で実施している「ゆる♪リト」での出来事です。「ゆる♪リト」とは、「ゆるーいリトミック」を縮めた愛称です。障がいのある子もそうでない子もいっしょに、ゆったりとした気分で楽しめるリトミックです。

十二月の「ゆる♪リト」は、五歳児三十人で、「くるみ割り人形」を楽しみました。クリスマスになると、各地のバレエ団が上演する演目ですが、子ども向けに脚色し、みんなで踊ります。四十分程度の「ゆる♪リト」の時間、毎回はじめに、紙芝居にした短いお話をきかせます。たとえば、こんなお話です。

夜も更けて、子どもが寝静まったころ、おもちゃ箱からロボット人形が飛び出してきます。人形たちは、お部屋でロボット歩きをしたり踊ったりします。はしゃぎすぎたのか、寝ていた子どもが、「何の音?」と、目を覚ましそうになります。子どもが起きてはたいへんなので、ロボット人形たちは、「しー! だるまさんが転んだ!」の合図とともに、固まります。再び子どもが眠ると、今度は、縄跳びをして遊びだします。あっというまに朝になり、目覚まし時計が鳴ります。「たいへん、帰らなくちゃ」と、ロボット人形は、おもちゃ箱に戻ります。

子どもたちの多くは、ロボット人形になりきりますが、なかには、活動に入り損ねてしまう子もいます。いつもは、遊びの輪に入ったり入らなかったりのしょう君は、この日、みんなが踊っているとき、床に寝そべっていました。調子が悪いのかもしれないと、無理に誘わずにいたところ、朝になっ

1. 五歳児の「ゆる♪リト」。リーダーさんが前に出て、ストレッチをします。

2. ロボット人形になりきって、楽しく踊ります。

3. ロボット人形が、縄跳びをします。

て、ロボット人形が箱に戻ったところで、むくっと起き上がるのでした。そのときは気づかなかったのですが、これにはわけがありました。

活動が終わり、子どもたちから感想をきく時間になりました。何人かの子どもが手を挙げて、ロボット歩きがおもしろかったとか、縄跳びを頑張ったとか話してくれました。ぼちぼち切り上げようとしたとき、しょう君が手を挙げているのに気づきました。近くに呼び寄せて話をきくと、「子どもをしてた」とつぶやくのです。「子ども？」ときき返すと、周りの子たちが、「しょう君は、子どもをしてたんだよ。だから、寝てた」と、いってくれました。しょう君に確かめると、そうだというのです。知らなかったのは、私たち大人だけでした。

子ども役のことは、みじんも考えていませんでした。しょう君は、床にごろごろしていたのではなく、子ども役がいなかったから自分でしていたのでした。まずは、これが驚きでした。そして、もっと驚いたのは、いっしょに生活している周りの子どもたちが、しょう君のしそうなことを、よく知っていたことです。そうでなければ、しょう君が床に寝ていたわけが、わかるはずがありません。

クラスの仲間とともに過ごすしょう君は、とても幸せそうでした。お母さんも、手応えを感じているようで、「最近、みんなに混じって楽しそうにしています」と、話してくれました。ちなみに、次の回の「ゆる♪リト」で、しょう君は、ロボット人形になりきっていました。

1．子どもに見せる紙芝居。夜になって、子どもが寝ると、ロボット人形が、箱から出てきます。

2．箱から出てきたロボット人形は、ロボット歩きをしたり踊ったりして、遊びます。

3．あんまり調子に乗りすぎたので、子どもが目を覚ましそうになります。

4．「たいへん、静かにしなくちゃ」。ロボット人形は、「だるまさんが転んだ」をして、固まります。

5．子どもがまた寝たので、今度は縄跳びをして遊びます。

6．朝になり目覚まし時計が鳴ると、ロボット人形は、箱に戻って、「がっちゃん」とふたを閉じます。

26 「プレイ」（小集団活動）のなかで育つ子ども

保育園や幼稚園では、日々の保育の積み上げが、子どもを成長させています。一例として、私の職場がある、岡山市の事情をお伝えしましょう。岡山市は、公立・私立を含めた十一の園を、「障害児保育拠点園」に指定しています。障がいの種別はとくに問わず、各園とも十〜十二名の枠を設けて、質の高い保育を提供しています。専用の保育室では、障がいのある子どもが、必要なときに、必要な支援を受けています。園内の「通級指導教室」のようなシステムです。

入園してまもない子どもや、大きな集団になじむのに時間のかかる子どもには、子どもと保育者が一対一、または十人程度までの小集団を構成して、一人ひとりが楽しめる活動を計画します。こうしたオリジナルな活動を、私たちは、「プレイ」と呼んでいます。「プレイ」では、写真のような「プレイボード」を使って、楽しい活動の「お知らせ」をします。子どもの育ちには、「楽しいことを、期待して待つ」ことが、とても大切です。はじめは何をするのかわからなかった障がいの重い子どもも、プレイボードに貼られたカードの意味、つまり、そのカードがあるときは、いつもの楽しい活動ができるということがわかるようになります。

「プレイ」は、障がいのある子どもの育ちを支えるための活動ではありますが、そこには、クラス

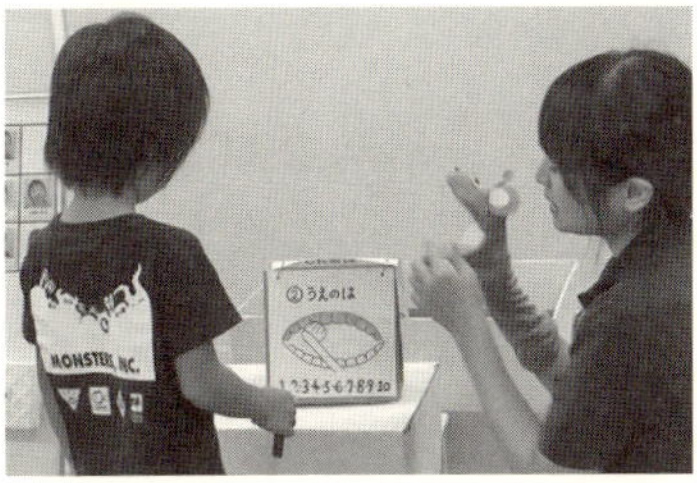

歯磨きの手順を示したツールを見ながら、パペットの歯を磨いてあげます。楽しい歯磨きのイメージを、プレイでつくります。

活動の内容を伝えるカードが、プレイボードに貼ってあります。この日は、「はじまりのうた・みんなであそぼう・ふうせんしあたー・おわりのあいさつ」です。プレイが始まる前には、「こんなふうに座れたら○だよ」と、絵で示します。

の仲間も、交代で来てくれます。その子たちがいっしょに「プレイ」を楽しんでくれると、障がいのある子どもは、「プレイ」が、いっそう楽しくなります。

障がいのある子には、楽しそうにしている友だちの存在が必要です。しかし、ふだんは、クラスの子たちが楽しい活動をしていても、それが大きな集団で行われていると、圧倒されてしまってなかに入っていけないのです。とくに、発達障がいといわれる子どもは、周りの子たちが何をしているのかが直感的に読み取れないため、しばしば途方に暮れています。そこで、「プレイ」という小集団の活動を用意し、その場に、クラスの子どもたちを何人かずつ招くようにしました。人数が少ないと、お互いの話がきき取りやすいですし、していることも見やすいのです。穏やかな環境下でなら、友だちが楽しそうにしているのを、からだごと感じとれるようになります。そんな経験を積むうちに、やがてクラスの活動も、「プレイ」と同じように楽しめるようになります。

27 子どもの居場所

保育園や幼稚園は、手厚い支援があるのでどうにかなっても、学校ではそうはいかないのではないかと心配する人もいます。しかし、学校には、園とは違ったかたちで、子どもの育ちを支える仕組みがあります。その一つが、「協同学習」です。

日本の学校の授業は、そのほとんどが、子どもがみな前を向いて、先生の話をきくというスタイルで進められてきました。それゆえ、授業についていけない子どもや、長く座って話をきくのが苦手な子どもは、チャイムが鳴るまで、ひたすら辛抱するしかありませんでした。しかも、周りで何の話をしているのかが理解できず、一言も言葉を発することができなければ、事実上、クラスの仲間とのかかわりがないまま、ひとりきりで一時間を過ごすことになります。「協同学習」は、こういった伝統的な授業スタイルを変えようとしています。

「協同学習」でもっとも大切にしているのは、子どもを「ひとりにしない」ことです。教室では、子ども同士が、ペアや班をつくって学びます。わからないことはすぐに友だちにきけますし、一人ではできない課題も、互いに助けあいながら解決していきます。これまで、全国でたくさんの授業を見てきましたが、障がいのある子どもが、周りの子たちと対等に学び合える授業をつくるためには、「協同学習」の考え方や実践が、もっとも有用だと考えるようになりました。

そんなことを実感したエピソードを一つ、紹介します。私の住んでいる地域で、「協同学習」の取り組みを、かれこれ十年続けている中学校でのひとコマです。

一年生の、数学の授業でした。年間の気温の変化を、グラフにする場面です。子どもたちは、四人の班で活動をしています。ある班に目をやると、ひどく落ち着きがなく、いまにも授業からはみ出しそうな男の子がいました。直也君です。あとで先生たちにきいてみると、小学校のころから衝動性が激しく、授業妨害をすることもあったとのこと。本人からすれば、仲間からも先生からも遠ざけられ、学校に居場所がなくなっていたのでしょう。そんなこともあって、中学校からは、学区の違う、いまの学校で学ぶようになりました。こちらの中学校区では、小学校から一貫して「協同学習」を続けていて、子ども同士で学びあう授業があたりまえになっています。経験したことのない授業スタイルに、はじめはどうふるまったらいいかわからずにいた直也君ですが、ほどなく、班でする活動になら、そこそこ参加するようになりました。

授業が半ばにさしかかり、折れ線グラフを描く場面でした。班の仲間の一人が、ワークシートを指さして、「ここは、どうするんだろう?」とつぶやきました。誰もがわからずに困っていたところに、先生がようすを見に来てくれました。状況を察知した先生は、「わからなかったら、他の班の人にききにいってもいいのですよ」と促しました。

すぐに動いたのは、直也君です。「よし、おれが行ってやろう」と立ち上がると、気の合う友だちのいる別の班に向かいました。任せて大丈夫なのか、いささか心配でしたが、どうやら、ていねいに説明してもらってわかったらしく、さっそうと戻ってきました。

驚いたのは、彼を迎え入れる班の仲間の優しさでした。「どうだった?」と、直也君の帰りを待っていてくれるのです。気をよくした直也君は、一生懸命、きいてきたことを仲間に伝えていました。それまでは、どちらかというと邪魔にされていた直也君が、仲間から必要とされるようになっていたのでした。他人から必要とされ、アテにされるところに、人の「居場所」はできます。

中学校の家庭科。フェアトレードについて学びます。たくさんの教材を前に、学び合いの授業が始まります。

「協同学習」では、班をつくって、子ども同士が学び合います。「子どもをひとりにしない」授業を目指しています。

注：写真は、同じ中学校での、本文とは別の授業です。

28 校長先生に教えてもらった記憶

山間地の、ある中学校を訪ねたときのことです。校長先生は、生徒を、わが子のように可愛がってくれることで評判でした。校長室に通され、さっそく見せてもらったのが、自作の教材やカードです。勉強につまずいている子どものために作成したものだといいます。漢字や英単語を読むのが苦手な生徒には、読み方のコツをわかりやすく示した教材をつくってくれました。昼休みには、校長室に生徒を呼び、その教材を使って、勉強をみてあげるのでした。終わると、カードの用意があります。校長先生のファイルには、生徒たちの趣味にあわせて製作した、オリジナルなカードの原稿が、大量にストックしてありました。校長先生は、生徒が選んだカード原稿を一枚コピーし、ラミネートをかけて渡してくれます。これが励みになったのか、やってくる生徒たちの表情は、日増しに明るくなっていったといいます。

誰がつけたのか、校長先生のあだ名は、「ラーミネーター」です。何でもかんでもラミネートしまくるので、そんな名前がつきました。子どもたちには、こんな先生に教えてもらった記憶を、たくさん残してあげたいと思いました。

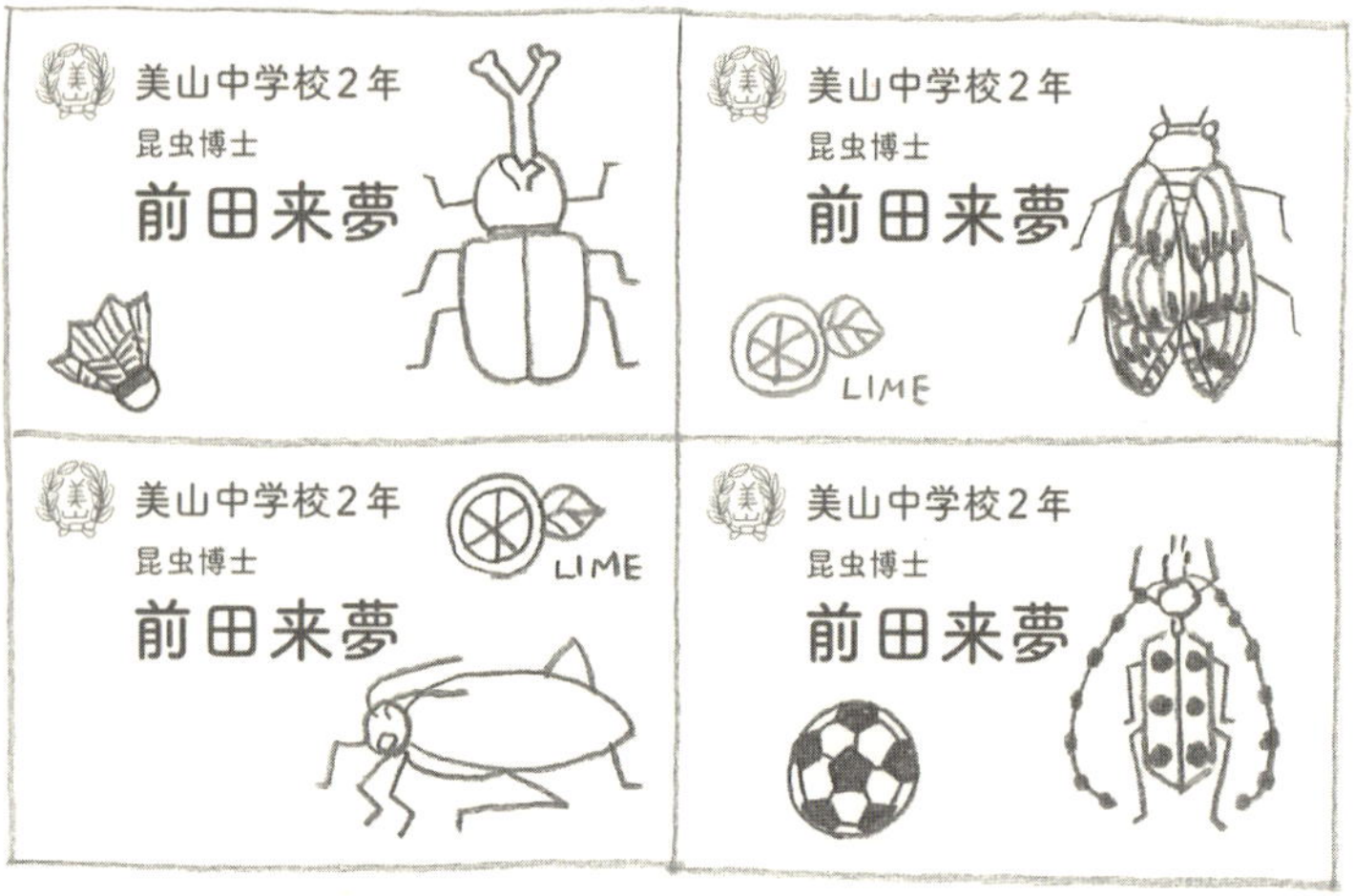

校長先生がつくってくれた名刺カードです。勉強がすんだら、好きなカードを一枚選び、ラミネートしてもらいます。

Ss 英語の発音 手がかりカード (フォニックス)
サシスセソ summer
some sat sister
speak safe so saw
Tt 英語の発音 手がかりカード (フォニックス)
タ time town
トゥ two
テ ten
ティ tea
ト train tomato
Th th 英語の発音 手がかりカード (フォニックス)
サ Thank you.
ザ that
シ think
ゼ there
ス three
ゾ those
Uu 英語の発音 手がかりカード (フォニックス)
ユ use usually
ア under up us umbrella
Vv 英語の発音 手がかりカード (フォニックス)
ヴェ very
Ww 英語の発音 手がかりカード (フォニックス)
ワ what world
ウ we with
ウィ weed
ウエ way
ウオ want
ホ when
Ww 英語の発音 手がかりカード (フォニックス)
Wは黙字(発音しない)
ライ write
Xx 英語の発音 手がかりカード (フォニックス)
Xmas (クリスマスの略)
Yy 英語の発音 手がかりカード (フォニックス)
イ Yes year
イェ yesterday
ヤユヨ young you yoghurt (食品)
Zz 英語の発音 手がかりカード (フォニックス)
ジ zig･zag zipper
ズ zoo
ゼ zebra (動物)
ゾ zone
ザは省略

英語の発音のコツを示した、手づくりカードです。

29 感謝の思い

子どもにとっての学校の記憶とは、どのようなものなのでしょうか。それを、一つの作品にしてくれた女性がいました。いまは大学を卒業して、自分らしい生活スタイルを模索しているカオリさんです。

発達障がいがあって、小学校や中学校のころは、学校生活への適応に、ずいぶん苦労しました。お母さんは、どんなときも、カオリさんの気持ちに寄り添ってくれる人でした。学校でなにかあっても、先生たちと相談しながら、一つずつていねいに解決してきました。お母さんの願いは、先生たちにもよく伝わっていて、学校も、できることはずいぶんしてくれたのだと思います。

素直でまじめなカオリさんは、不得意科目にも懸命に取り組み、高校に進学しました。たいへんでしたが、本当によく頑張りました。そして、念願だった、芸術系の学科がある大学に合格しました。高校も大学も、すべてが順調だったわけではありません。行き詰まりそうなときは、会っていろいろお話をききました。とはいえ、カオリさんとお母さんは、来談するクライエントさんというよりは、お会いするたびに、私のほうが優しさを分けてもらえる、とてもありがたい存在でした。

こうしてカオリさんは、晴れて大学を卒業することになりました。そのときもってきてくれたのが、卒業制作でした（次頁写真）。四年間、絵本づくりを勉強してきた成果です。

つらいこともありましたが、保育園で、小学校で、中学校で、高校で、そして大学でも、先生たちによくしてもらったことを、優しいタッチの絵と、彼女自身の言葉で表現した、心温まる絵本です。作品を届けてもらったときに、お母さんが添えてくれた言葉が、とても印象的でした。「これは、娘と私が、協同でつくった卒業制作です」と。お二人とも、ご卒業おめでとうございます。

カオリさんの卒業制作（抜粋）です。お世話になった先生たちへの、感謝の気持ちが綴られています。

1

2

3

I like English.
Me,too.
先生と英語でおしゃべりできました。

7

小学校のとき
あこがれの音楽の先生と
おしゃべりしたいな
と思っていると

4

ありがとう先生
お世話になりました

8

音楽室
先生とおしゃべりできました。

5

9

中学校のとき
先生と
英語でしゃべりたいな
と思っていると

6

30 栄養教諭のマインド

誇りをもって仕事をしている人の姿には、心を打たれます。栄養教諭として肢体不自由養護学校で働く、中西先生もその一人です。子どもたちが、すこしでも笑顔になれるようにと、心のこもった給食をつくってきました。

肢体不自由の子どもは、四肢に障がいがあるだけではありません。とりわけ、重い障がいのある子どもは、生まれてこのかた、おいしくご飯を食べるという経験ができずにいます。自分の手で食べるのが難しいのはもちろんですが、噛むことや飲み込むことですら、容易ではないからです。

こんな子どもたち一人ひとりの顔を思い浮かべながら、中西先生は、毎日の献立を考えてきました。栄養教諭としてのマインドを、先生は、次のように語ります。

「子どもたちが、おいしさ、そして食べることの喜びや嬉しさを、すこしでも多く感じられるよう、食事作りに励んでいます。そして、生涯にわたって、安全で快適な食生活を営むことができるように、子どもたちを導いてあげたいと思います。このような課題をもち、その達成を切に願って、私たち栄養教諭は、障がいのある子どもたちを教育する仕事に携わっています。」

この子たちの食にかかわる課題は、私たちからすれば、どれもあたりまえに享受できていることばかりです。そこに困難を抱えている、障がいの重い子どもたちを、中西先生は日々支えてきました。その仕事の一端を、写真と、先生ご自身が綴ってくれたエピソードでお伝えします。

中西先生の勧めている養護学校では、子どもたちの摂食機能に応じて、さまざまな食形態を用意しています。食べやすいように、きざんだり、すりつぶしたりするだけではありません。子どもたちに、食べ物のおいしさや食べることの喜びを味わってもらうために、考え抜き、試行を重ねてきました。（次頁写真）

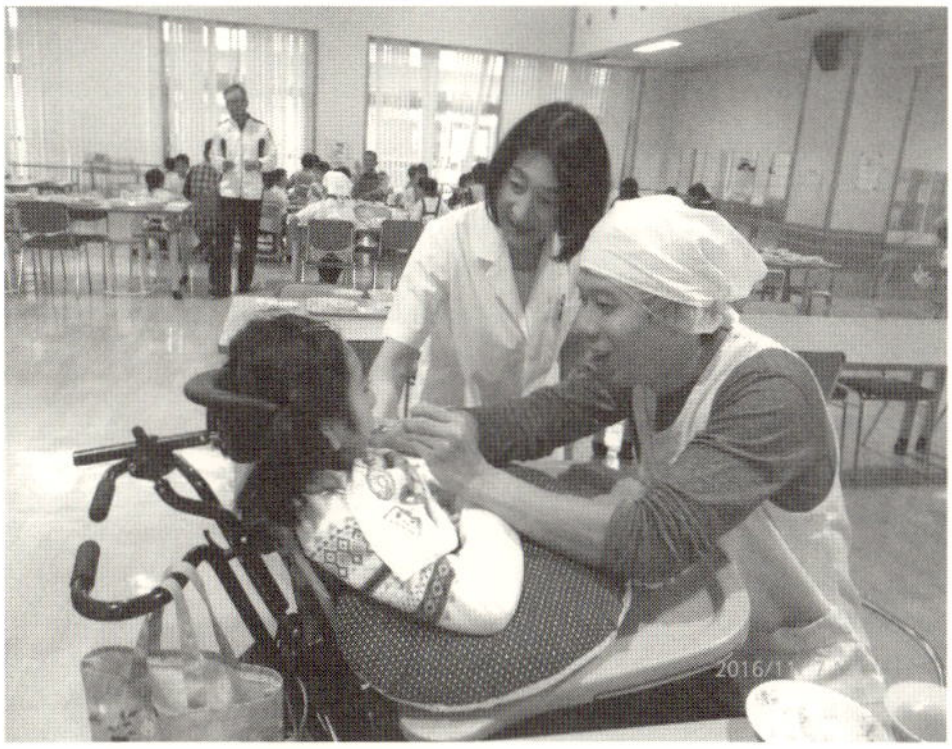

中西先生（真ん中）とハルカちゃん

中西先生が大切にしているのは、一人ひとりの子どもが抱く、食べることへの思いに寄り添う食事支援です。上の写真は、給食を楽しみに待っていてくれるハルカちゃんと中西先生です。

○楽しく食べた一口……中西先生のエピソード①

病気が進行し、今まで食べていた食形態では食べることが難しくなったK君です。彼には、機能にあった食形態の横に、歯ごたえや舌触りで覚えている、今までと同じ、クラスのみんなと同じ食形態の食事を添えました。食形態を変えないことは、本人やお母様の願いでもありました。K君は、K君な

中西先生のつくった、機能にあわせた食形態

普通食

一般的な食形態。

【献立例】
雑穀ごはん
牛乳
豚汁
カツオの蒲焼き風（粉ふき芋添え）
甘酢漬け

やわらか食

咀しゃく動作の発達途上期に対応する食形態。

歯や歯茎でつぶせ、噛み切れるくらいの軟らかさにする。数回咀しゃくすれば，飲み込める。形のある形状だが、奥歯の上に乗りやすいように、一口大に切ってある。普通食と同じ食材を使用し、硬い食材と弾力のある食材は、圧力鍋やスチームで軟らかくする。

【献立例】
カツオの蒲焼き風→魚団子蒲焼き風
豚汁（豚もも肉）→豚汁（豚肉団子）

押しつぶし食

捕食と押しつぶし食べの練習期に対応する食形態。

形があり、かつ、絹ごし豆腐のような、舌で押しつぶせる程度の軟らかさで、粘性のある形状。食材により、圧力鍋やスチームで軟らかくする。内容によってはとろみで調整する。

【献立例】
カツオの蒲焼き風→鯛の蒸し物（甘酢かけ）
豚汁（豚もも肉）→豚汁（豚肉団子）
粉ふき芋→マッシュポテト
牛乳→牛乳プリン

ペースト食

飲み込む機能の発達期に対応する食形態。

咀しゃくや食塊形成が必要なく、そのまま飲み込め、粒のない，滑らかな形状。食物の水分を多くして軟らかく調理した物を、さらにフードプロセッサーやミルサー、裏ごしにかけて、ペースト状にする。普通食を展開し、さらに別メニューを加え、エネルギー、たんぱく質の調整を行う。個人の状態にあわせ、粒やとろみを調整する。

【献立例】
おかゆ
豚汁
蒸し魚の甘酢ソースかけ
ゆで野菜のピーナッツソースかけ
にんじんのミルク煮
マッシュポテト
ヨーグルト

りのプライドを保ち、大好きな友だちといっしょに同じテーブルを囲んで給食を楽しんでいました。そこには、栄養価計算された給食全量摂取の観念はすでにありません。本当に楽しく食べた一口は、不快な気分で食べた一食分より、ずっと栄養があるはずだと思っています。

○最後のヨーグルト……中西先生のエピソード②

一時的な訪問教育から通学生に戻り、久しぶりに登校したR君です。経管栄養でしたが、お口から味わう練習もしていました。ほとんどの食品にアレルギー反応があるため、その日の給食も、いちごジャムをのせた一口のヨーグルトでした。

「お家のヨーグルトとどっちが美味しいかな?」などと、R君とお母様と久しぶりの再会を喜んだその夜、R君は不慮の事故で旅立ちました。R君にとって、このヨーグルトが、最後の給食となりました。

担任でもない私が、R君の一年忌の食事会に招待されました。お母様から、「学校に行けて、とても幸せでした。この子の摂食記録ノートは、アルバムと同じくらい私の宝物です」とおききしました。日々のかかわりの大切さ、かけがえのない時間の大切さを痛感しました。

いつの食事も美味しかった、楽しかったと思える食事であるように、この一食、このスプーン一さじに思いをこめて、毎日の給食を作っています。どのような食形態でも、その子どもにとってはだいじな食事。一食一食を大切に、そのときの体調を知り、より最適な状態で提供できるように心がけています。

◆コラム◆子育てアラカルト⑦

◆…食事にかかわる困り事

食事をめぐるトラブルも、絶えません。

なかでも多いのが、感覚過敏による偏食や拒食です。対応の基本は、無理をさせないことです。自閉症の子どもが過敏であることは、よく知られていますが、障がいのない子どもでも、感覚過敏に悩まされている場合があります。

先日会った、三歳の子どもさんがそうでした。ふつうに歩いて、おしゃべりもします。ところが、赤ちゃんのときから、ミルクも離乳食もほとんど受け付けなかったといいます。いまでも、経管栄養といって、鼻から管を差し込んで栄養を補給しています。病院の先生も、こういう子どもさんは珍しいといっていましたが、ここのところ、同じような症例が、ちらほら報告されているようです。気づかれなかっただけで、実際には、口腔内の感覚過敏で困っている子どもは、ずいぶんいるのかもしれません。

ともあれ、過敏さに対して、私たちは、どう対処すればいいのでしょうか。「やがて慣れる」という発想は捨てましょう。慣れるのを待つのではなく、あれこれ手立てを工夫するのです。ただし、そう簡単にはいきませんので、失敗してあたりまえぐらいの気持ちで取り組んでください。

まず、調理法を工夫してみましょう。野菜を食べない子どもには、あまり香りの強くない野菜を細かく刻み、ぱりっとしたお好み焼きにしてあげます。チップまたはスティック状にしたほうが、いける場合もあります。見た目や食感を変えるのが、ポイントです。

温度も、食べ方に影響します。熱いものが苦手な子どもは、わりと多いようです。スープや味噌汁はしっかり冷ますこと。ご飯も、ちょうどいい温度があるようで、炊きたてはだめで、冷めたお弁当もだめ、保育園では、レンジで軽く温めてもらったら食べたということがありました。

学校給食のように、いろいろな具材の混じった料理が食べられない子どもも、少なくありません。混ぜご飯は無理でも、具材と白飯とを別に盛りつければ、大丈夫だったこともあります。酢豚なら、お肉、にんじん、ピーマン、タマネギ、タケノコなど、それぞれの食材を、別々にお皿に乗せてあげると安心します。もちろん、どうしても苦手な食材は、のけてあげます。

ちなみに、味に敏感で、薬が飲めない子どもがいます。ジュースに混ぜてどうにか飲ませていても、薬が変わった途端、はき出してしまうということがあります。これぱかりは、味がばれないように、飲料をいろいろ試してみるしかないのですが、ヤクルトが薬の味を打ち消しやすいことは、よくききます。こういうときは、お母さん同士での情報交換が役立ちます。ただし、薬との飲み合わせについては、薬剤師さんに確かめてみる必要があります。

このほか、小食や食事中の立ち歩きで悩むお母さんたちも、たくさんいます。小食の子どもは、ともかく、量を減らしてあげましょう。見た目がたくさんだと、それだけで悲しい気分になります。立ち歩きがやまない子どもには、「回転寿司方式」と称して、ご飯とおかずをすこしずつ小さなお皿に盛りつけ、五枚お皿が重なったら食事はおしまい、という仕組みをつくりました。食事のゴールが見えたのがよかったのでしょう。最後まで座って食べました。

食べすぎも、困ります。お皿にあるだけ、いえ、他人の分まで食べてしまう子どもがいます。大皿を使うのは避けて、面倒でも、一人ずつ盛りつけましょう。炭水化物のとりすぎは、肥満に直結します。「おかわりチケット」を一枚もたせ、ご飯のおかわりは一回だけ、と決めてしまいます。それでも我慢できないときは、お釜にご飯を残さないことです。多めに炊いたときは、残った分をすぐにおにぎりにし、見えないところにしまいます。視界からご飯が消えると、あきらめてくれます。

第6章

学校での困り事

31 不登校に直面したら――不登校①

面倒なことというのは、突然ふりかかってくるものです。不登校もその一つです。ひとたび不登校に陥ってしまったときに、多くの親が感じているのは、周りからあれこれアドバイスはもらえても、わが子に効き目があって、かつ親が実行できそうな手立てがなかなか見いだせないことです。いえ、それが見つかるくらいなら、不登校になど、ならなかったのかもしれません。

不登校は、子どもへのカウンセリングだけでは、なかなか解決しません。学校の環境はもちろん、家庭の環境、親子の関係、子育てへの考え方など、さまざまな要素を加味して、ケースバイケースで手立てを考えるしかありません。

いまからお伝えする支援のヒントを読み比べても、内容が部分的に矛盾していることに気づくと思います。あるヒントには、「休ませずに、行かせたほうがいい」と書いてあり、別のところでは、「無理をさせてはいけない」と書かれています。これは、子どもによって、とる方法が違うということであり、また、同じ子どもでも、時と場合によって、対応の方法が違うということなのです。いまは使えない方法でも、この先、状況が変われば、その方法で改善することもあります。ともあれ、できそうにないことは、どうやってもできません。これなら自分たちにもできそうだと思えるものがあれば、参考にしてください。

○ヒントその1　「学校は行くもの」という親の姿勢

子どもによっては、「学校は行くもの」と、親が決めてしまった方がいいときがあります。親が中途半端な態度でいると、子どもは、かえって混乱します。子どもの意思を尊重することは、もちろん大切です。しかし、私たちもそうですが、追い込まれているときには、自分の意思というものが、しばしばアテになりません。自分のことは、案外、自分ではわかっていないものなのです。「本人の意思」に、親が振り回されないようにしましょう。

ところで、子どもから、「なぜ、学校に行かなくてはならないのか」と問い詰められた場合、どう答えたらいいでしょうか。私がお勧めするのは、「我が家では、学校に行くことになっているのです」という、いたってシンプルな答え方です。

へたに理由をつけると、いちいち反論されて、収拾がつかなくなります。どこできいてきたのか、学校に行けていない別の子の話を持ち出されたりするのも、やっかいです。子どもは、親を困らせるようなことを、わざわざいうのです。「我が家のルールでは、行く」という答えが、いちばんすっきりしています。

不登校に対処するときは、主導権を大人がもち続けてください。とはいえ、ただひたすら「学校は行くものです」と唱えているだけでは、解決に至りません。次に進みます。

32 できる範囲で行く——不登校②

「我が家のルールでは、行く」ことにしても、実際、それができることでなければ、子どもは、ますます追い詰められます。できないことは、できません。できるルールに変える必要があります。

○ヒントその2　できる範囲で学校は行くもの

子どもは、現に行き渋っているわけですから、無理やり引きずり出すわけにもいきません。毎朝、親子で激しいバトルを繰り広げていたら、親も子も疲れ果てます。

そういうときは、作戦を変更しましょう。「学校は行くもの」という原則はそのままですが、「どの程度ならば行けるか」を考えるのです。

小学校の五年生に実施した方法です。本人とも相談し、実現できそうなプランを、以下のように立てました。

①毎日、「朝十時から給食前まで」のパートタイムで学校に行く。
②学校では、保健室で、その日に決められた勉強をする。
③勉強がすんだら、好きなことを一つして帰る。

「どれぐらいまでならできるのか」という妥協点をめぐって、子どもと親、そして学校の先生とのあいだで、折り合いをつけました。

もちろん、子どもによって、また、そのときの子どもの状態に応じて、さまざまなバリエーションがありえます。登校する時刻は、午前中がどうしてもだめなら、放課後など、周りの子どもと接点をもたなくてすむ時間帯に設定します。毎日が無理なら、週二回か三回、曜日を決めて登校させます。子どもによっては、一日登校するたびに脳疲労を起こしてしまい、次の登校まで数日待たなくてはならないことがあるようです。保健室での学習も、教科書を広げることにどうしても抵抗があるのでしたら、別の教材を用意してもらうよう、学校の先生にお願いしてみましょう。

こうして、どうにか学校とのつながりが保たれていると、行事などに参加する機会もつくってあげられます。教室に入ることをかたくなに拒む子どもが、行事となるとせっせと出かけていくことは、わりとよくあるのです。それをきっかけに、翌日からふつうに授業を受けてくれたら親はありがたいのですが、残念ながら、ほとんどの場合、そうはなりません。次の日からも、いつものルールで登校させましょう。

ところで、学校に復帰するためには、「クラスの子どもが学校で勉強している時間帯は、好きな時間に、テレビを見たりやゲームをしたりしてはいけない」という制約が必要です。クラスメートは、授業中、好き勝手にはできないからです。家を、ぬくぬくと居心地がいい環境にしてしまうのは、得策でありません。

33 どうしても行けないときに、否定しない――不登校③

ここまでするとなると、親にも、たいへんな労力がいります。いくらかでもうまく運ぶのならともかく、いつまでたっても事態が好転しないと、徒労感で親もつぶれそうになります。

○ヒントその3　それでも、どうしても行けないときに

手だてをすべて尽くしても、子どもが、動かないことがあります。親も子も、ともに燃料切れになって、正常な判断力が失われてしまいます。

そんなときは、次の原則に移行してください。それは、「行けないことを、否定しないこと」です。行けないものは行けないので、どうにもなりません。たかが学校に行けないくらいで、人格まで否定されなくていいのです。そうなると、「学校をやめる」という選択肢もありうることになります。いま通っている学校に、どうしても行かなくてはならないということはありません。もちろん、安易に「学校なんか行かなくてもいい」と宣言するのはよくありません。転校も視野に入れます。学校に替わる学びの場の情報も、あれこれ集めておきましょう。公的な適応指導教室なども利用できますし、私塾がよく面倒をみてくれる地域もあります。また、高校や高専に行ってからの不登校は、アルバイトや

就職などへの移行も考えます。単位不足で追い詰められるのは、とてもつらいのです。そこから抜け出して先に進むには、「区切り」が必要です。ただし、本人がやめると訴えても、すぐに動いてはいけません。子どもは、思いつきでそういうことがあります。時間をかけ、できれば誰か後押ししてくれる人を見つけたうえで、最終的な決断をしてください。

○ヒントその４　親だってなまみの人間

強気で頑張ってみても、子どもが学校に行かないのは、親として、やはりこたえます。育て方が悪かったのではないかと、自分を責めてしまうこともあります。

親の会で、私がいつもお話しするのは、「親だって、否定されないことが大切」だということです。誰も、好きで子どもを不登校にさせているわけではありません。多くは、望んでいません。せめて、ふつうに学校に行ってくれたらと、願っているだけです。十分ではなかったかもしれませんが、ひどく否定されるような子育てでもなかったはずです。自信を失うのが、子育てには、いちばんのマイナスです。そうならないためには、どんなにふがいない話でも、否定せずにきいてくれる人が必要です。子どもの生活が昼夜逆転してしまうのは、たしかによくないことです。しかし、つきあう親だって、とてもたいへんなのです。それでも、誰かが替わってくれるわけではないので、どうにか「やりくり」しながら生活を続けるしかありません。そんな事情をわかってくれて、一区間だけでも、自分たちと伴走してくれる人が見つかったら、それだけで、ずいぶん救われます。

34 いじめへの対処

障がいがあることを理由に、いじめにあうのではないか。本人だけでなく、きょうだいまで巻き込まれて嫌なことをいわれたりするのではないか。親なら、そういう心配をするのが、あたりまえです。現実に、いじめはなかなかなかなくなりません。

私が出入りしているいくつかの学校でも、残念ながら、小さないじめは発生しています。学校の行き帰りで仲間はずれにされたとか、傘で小突かれたとか、大人が見ていないところで、事件は起こっています。また、小学校のときに特別支援学級に在籍していて、中学校から通常の学級で学ぶようになった子どものことを、一部の生徒たちが、「（特別支援）学級出身」と、かげでこそこそいっていた例がありました。ひどい話です。

幸い、いずれの事例も、ふだんから親が子どもの話をよくきいてあげていたので、早く気づいて、すぐに対処することができました。

登下校時にトラブルがあるようでしたら、お家の人のどなたかが、こっそりようすを見にいってください。そして、現場をおさえてください。私は、お母さんたちに、「ジャイアンの母ちゃんにならないと、子どもは守れませんよ」と、お話しすることがあります。「あのうちのお母さんは怖い」という印象をもたれるぐらいで、ちょうどいいこともあるのです。

また、学校で気がかりなことがあったら、すぐに先生に相談してください。いじめにかんして、学校は、以前よりも、だいぶ気をつけてくれるようになりました。しかし、大半のいじめは、人目につかないところで起きています。教師も、気づいていないことが多いのです。陰口をいっていた先ほどの例も、先生たちは、そのことをまったく知りませんでした。すぐに事実関係を確かめ、対応してくれたおかげで、その後は、大丈夫だったようです。

いじめの被害を回避するためには、なにより、その徴候を親が察知してあげることが大切です。ふだん、よくおしゃべりする子も、学校で嫌な目にあったことは、子どもなりのプライドが邪魔をして、なかなか話してくれないものです。ようすがおかしいときは、少し粘ってききだしてください。

また、気になることがあったらすぐに、メモをしておくことです。日付や時間、そして情報源も、忘れずに書いておいてください。たまたま、なにかのはずみで起きた出来事で、取り越し苦労だったというのなら、それはそれでよかったではないですか。気がかりな状況が続くときは、とっておいたメモが、誰かに相談するときの資料として、必ず役立ちます。

「困ったときには、親が、いつでも助けにいく」という意思を子どもに示すためにも、こうして、こまめにメモする姿を見せておきましょう。いざとなったら、子どもはきっと、「こういうときは、親に頼っていいのだ」と思えるはずです。

35 悪い環境から引き離す

心配事は、友だち関係のことにも及びます。

昨年から小学校の特別支援学級に通いはじめている竜之介君のことで、お母さんから相談を受けました。「悪いことをしてはいけないと教えるのには、どうしたらいいですか」というお尋ねでした。保育園のころから知っている子どもさんで、悪いことをするような子にはみえなかったのですが、ともあれ、悪いこととは何なのか、詳しくきいてみました。

途中できいて、「すぐに手を打たなくては」と直感しました。竜之介君の周りに、小遣いでは買えそうにないものがあるのだといいます。しかも、家からお金を持ち出しているようなのです。

こういうときは、「だめなものはだめと教える」ことが、もちろん必要ですが、それよりは、「してはいけないことができない環境を整える」ことを優先させてください。子どもの手が届くところにお金を置かないこと。また、あるはずのないものを持っているときは、それをどこで手に入れたのか、きちんと問いただしてください。「友だちにもらった」と答えることはよくありますが、くれるはずがありません。仮にもらったとしても、それはそれで問題です。

ところで、このような事態に至って、さらに親を悩ませるのは、悪いことのきっかけをつくっている友だちの存在です。竜之介君の場合、万引きもさせられていました。お金も、家から持ってくるよう指図されていたのでした。ここまで問題が深刻になると、親が動いただけではすまなくなります。当面は、そういう友だちと離すしかありません。親がその子のことを気に入らないから遊んではいけないというのは、まずいかもしれません。そうではなくて、悪いことをする環境から、わが子を引き離すことが必要なのです。

親としては、障がいのあるわが子と遊んでくれる友だちはとてもありがたいので、はじめは歓迎していました。しかし、よくあることですが、その友だちというのが、いろいろと事情を抱えている子どもさんでした。行く場所を求めて、あちこちの家に出入りしているうちに、どこに行っても邪魔にされるようになってしまいました。そういう子は、転校してきた子どもや、障がいのある子どものお世話を、まっ先に引き受けることが多く、竜之介君は、そのターゲットになっていたようです。お母さんも、うすうす感づいていました。家に遊びに来ては、勝手に冷蔵庫を開けて、アイスクリームを食べたりしていたらしく、いささか閉口していたのでした。

この友だちのことは、学校の先生や地域の民生委員さんに相談して、対応を考えてもらうことにしました。やがてこの子は、そんな大人の動きを察して、姿を見せなくなりました。私としては、その後が気になってしかたなかったのですが、親ができることには、限りがあります。やむをえません。なんだか、すっきりしない結末でした。

36 中学校の事情

学校に通うようになると、中学校や高校、そして大学などへの進学のことが、気になりはじめます。まだ先のことですし、その間、わが子がどれだけ成長するかもわかりません。あまり早くから気をもんでいてもしかたないとはいえ、いまの時点でわかっていることがあるのなら、小さな情報でも、あると安心です。

はじめに、中学校の事情をお伝えしましょう。発達障がいのある子どもをもつ親のあいだでは、「中学校が、けっこうたいへん」という話が、しばしば飛び交います。詳しくきいてみると、多くの人が、小学校でしてもらった支援のイメージを強くもっていて、同じようなことを中学校に期待したところ、まったく手応えがないということのようです。そんなことで困っている人に、いつもお話ししていることがあります。

まず知っておいてほしいのは、小学校の先生たちの「風土」と、中学校の先生たちの「風土」の違いです。中学校になると、先生たちは、生徒を大人として扱いはじめます。たとえば、試験ひとつにしても、小学校のテストですと、間違いを直してもっていけばマルになっていましたが、中学校だとそうはいかず、いちどついた点数は変わりません。定期試験でカンニングをすると、他の教科も含めて、すべて0点にされてしまうことがあります。

　提出物を期限までに出すことも、成績評価にかかわります。正直、先生たちが、なんでそこまで提出物に執着するのか不思議な気もするのですが、どうやら、本人の「自覚」のようなものが、強く促されているようです。それが大人の社会だといわれれば、そうなのかもしれません。しかし、「自覚」が強調されたところで、発達障がいのある子どもは、具体的に、なにをどうしたらいいのかわかっていません。配慮を求めるのですが、「特別扱い」はできないという理由で拒否されることも、実際にはあります。親が当惑するのは、そういうときです。

　解決のポイントは、「折り合い」だと思います。小学校までのことはいったん棚上げして、中学校の風土に、とりあえずつきあってみてください。中学校では、どんな価値観によって生徒を育てようとしているのかが、半年もたつとわかってきます。また、中学校の先生には、独特の生徒の可愛がり方があります。あきれるほど優しい先生も、なかにいます。弱い立場にある人を放っておけない先生というのが、むしろ小学校よりも多いかもしれません。そういう先生は、「自覚」を求められて困っている生徒がいることも、ちゃんと知っています。かといって、「特別扱い」をすると、周りの生徒との関係を悪くしてしまうこと、本人もそれを望んでいないことなどをあれこれ考え、どこかで「折り合い」のつく妥協点を見いだそうとしています。この「折り合い」をめぐって、先生たちとやりとりをしていくと、中学生になったわが子の問題が共有できます。

37 高校進学

障がいのあるわが子の高校進学を望んでいる親は、少なくないと思います。進学となれば、学力の問題がついてまわります。それにしても、子どもはというと、そんな親の心配をよそに、試験前になってもゲームばかりしています。提出物も、担任の先生が、だいぶ気にかけてくださるにもかかわらず、しわくちゃになって鞄の底に沈んでいます。どうしたものでしょうか。

まず、基本的な方針です。中学生になったからといって、本人に任せてしまわないことです。親が、しっかり手をかけてあげてください。いえいえ、中学生になっても、手がかかるのです。「そこまでしなくてはいけませんか?」ときかれそうですが、障がいのある子どもは、ゆっくり育ちます。そのゆっくりさに、親も覚悟を決めて、つきあってあげるしかありません。もちろん、親にも、してあげられることには限りがありますが、長い目で見れば、そのときしてあげたぶんだけ、あとでできるようになっているものです。放っておいたところで、なにも改善しません。

鞄の中身は、週に一度は点検してあげてください。必要な物がなくなっていて、よけいな物ばかりが入っていませんか。提出物は、いつまでに出したらいいか、本人に尋ねてもわからないことがあります。そういうときは、プリントの隅に提出期限を書いてほしいと、学校の先生にお願いしてみてください。定期試験の勉強も、計画を立てるところから、かかわってあげたほうがよさそうです。面倒見のいい塾があれば、そこにお願いするのも一つの方法です。

こんな話をすると、お母さんたちからは、ため息がきこえてきます。気持ちはよくわかります。にもかかわらず、ここまでしてあげたいと私が思うのには、わけがあります。障がいのある子どもは、勉強はさておき、まじめに作業をし、あいさつがきちんとできることが大切だという人がいます。それ自体、悪いことではありません。しかし、あまりそのことばかりがいわれると、「正直で素直な障がい者」であることを強要されている気がして、ひどく抵抗があります。そうではなくて、すべての人と対等に渡りあえる「社会的存在」として、この子たちを育てたいのです。学力も、進学のためだけではなく、一市民として保証してあげるべきものです。人権保障の観点からも、このことは、けっして譲れません。学校の先生にも、このあたりを、きちんと認識してほしいと思っています。

子どもには、勉強のことで自信を失わせたらいけません。「おれはだめだから」と、子どもにいわせないでください。努力がだいじだといいます。しかし、脳科学的には、努力が得意な脳の持ち主と、そうでない人がいることがわかっています。障がいのある子どもは、手持ちの「努力」力に、しばしば限りがあります。いまある「努力」力を使って、やれるところまでやらせ、「これだけ頑張ったから、合格できた」という経験をさせてあげましょう。

38 高校以降は、状況がいくらか改善する

どうにか高校に合格できても、はたしてやっていけるのか、心配は絶えません。

その高校ですが、親が思っている以上に、手厚い支援をしてもらえます。先日お会いした、高校の先生の話です。近畿地方の過疎地にある、普通科の公立高校に勤めているとのことでした。幸い、性格の穏やかな生徒が集まっていて、学校の雰囲気はとてもいいのですが、なにせ、学力のことが心配だといいます。先生たちは、「特別支援教育の視点」が重要であることを認識したらしく、細かな指導法まで尋ねて帰られました。漢字が読めるようにし、社会の仕組みを知らせ、卒業したあとに困らないようにしてあげたいと、切に願ってのことでした。

もう一つ、別の高校です。進学希望の生徒が半数いる公立校です。班単位で学習に取り組む授業が多いため、生徒たちは、孤立しそうな仲間を放っておくわけでもなく、かといって必要以上にかまうわけでもなく、教室にはほんわかしたムードが漂っていました。中学校までは、女の子が男の子の世話を焼くことが多いのですが、高校になると、男の子もしっかりしてきて、一人でいる女の子に、それとなくかかわってくれます。男の子たちが、優しいのです。発達障がいがあるとおぼしき生徒も、周囲に溶け込むというよりは、本人なりに、仲間とかかわるのを楽しんでいました。

もちろん、うまくいくことばかりではありません。進学校に入学したものの、授業についていけず、横道にそれてしまった子どももいました。しかし、そんなときも、周りの大人が冷静に対処すれば、人生を棒に振るようなことはありません。無理をさせ続けるより、思いきって高校を替わることで、元気を取り戻す子もいます。また、SNSをめぐるトラブルに巻き込まれ、面倒な事態に発展してしまったこともありました。当事者同士では、解決が難しそうだったので、第三者に調停を依頼し、和解に至りました。高校生になると、それまでは「子どもの問題だから」ですんでいたことも、大人の物差しで責任が問われることになります。ただ、反対に、社会的な判断基準を突きつけられるぶん、ことの重大さを、子どもには伝えやすくなります。

最後に、大学進学を考えている人に向けて。最近は、大学生のなかにも発達障がいのある学生さんが増えているようにいわれます。実際、かつて保育園や幼稚園のころに相談を受け、以後ずっとおつきあいが継続しているケースのなかには、大学に進学した子どもが何人もいます。いまどきの大学は、驚くほど手厚い支援をしてくれます。入学試験を受ける前に、学内の支援体制について、高校までわざわざ説明に来てくれた有名私立大学の先生がいました。入学してからも、先生たちは、きめ細かな学習支援を続けてくれました。

私も、自分の職場では、学生さんと親の人に来てもらって、三者でお話しすることがよくあります。どんな「合理的配慮」が大学で可能か、いっしょに考えています。

◆コラム◆子育てアラカルト⑧

◆…睡眠の乱れ

子どもの睡眠の乱れは、親を疲弊させます。寝る時間が遅いのはまだしも、深夜に起きて騒ぎ出されると、仕事にも響きます。入眠剤や頓服薬などは、できれば使いたくないという人もいるでしょう。

すこしでも改善を図るために、ともあれ、記録をとります。124頁に書式をつけておきましたので、試してみてください。はじめは、記入例のように、とりあえず二週間、書いてみます。

記録を分析すると、たいてい、何らかのパターンが見いだせます。たとえば、三日続けて就寝時間が夜中の一時を過ぎると、四日めの夜は、十時半頃に、眠りにつくといった規則性です。こうしたリズムは、誰にもあることなので、心配いりません。

ただ、私たちの場合、眠れなくても、布団のなかでじっとしていますが、それができない子どもは、起きて騒いでしまうのです。だとすると、問題は、眠れないときに、いかに静かに過ごせるようにするかです。音をたてなければいいことにするという割り切りも、必要です。

もうすこし長く記録をとると、別のこともみえてきます。たとえ本人が楽しんでいたとしても、行事などで、いつもと違う活動をすることによって、睡眠のリズムを崩している場合があります。逆に、長期休暇が始まって、家で一週間ほどゆっくりすると、夜中に騒ぐことがなくなったという例もありました。

無理をかけないようにしているつもりでも、思わぬところで、子どもを疲れさせているのかもしれません。また、その蓄積が、脳疲労を引き起こしている可能性もあります。そういうときは、やり慣れない活動を避けて、ふだん通りの、単調な一日を過ごしたほうがよさそうです。

ときには、原因がよくわからないまま、調子

日　付	起床時間	就寝時間	備考（夜間の覚醒，日中の出来事など）
8月22日（月）	7時15分	22時45分	2時に目覚めて独り言をいうがすぐ寝た。16時までデイサービス。
月　日（　）	時　分	時　分	

睡眠記録記入例

の悪い状態が続くことがあります。過敏性が高まって、なにをするのにも、いちいちつまずいてしまいます。できていたことができなくなり、親も、振り回されますが、あわてずに回復を待ちましょう。時間をかければ、元に戻ります。

睡眠記録

日　付	起床時間	就寝時間	備考（夜間の覚醒，日中の出来事など）
月　日（　）	時　分	時　分	
月　日（　）	時　分	時　分	
月　日（　）	時　分	時　分	
月　日（　）	時　分	時　分	
月　日（　）	時　分	時　分	
月　日（　）	時　分	時　分	
月　日（　）	時　分	時　分	
月　日（　）	時　分	時　分	
月　日（　）	時　分	時　分	
月　日（　）	時　分	時　分	
月　日（　）	時　分	時　分	
月　日（　）	時　分	時　分	
月　日（　）	時　分	時　分	
月　日（　）	時　分	時　分	

第7章

いくぶん冷静に子どもを見つめられる学齢期

39 子どもが望むことをつくってあげる

小学校四、五年生ぐらいになると、入学当初に心配していたことの多くは、解決しています。トラブルがあっても、対応方法はだいたいわかっていますし、子どもも親も、ちょっとした安定期を迎えます。本章では、この時期になって、ようやくわが子を冷静に見つめられるようになった人に向けて、アカデミックな内容をまじえたお話をしたいと思います。

はじめに取り上げる話題は、「子どもの興味」です。

大きくなると、余暇時間の過ごし方が、とても大切だという話をききます。いまのうちに、なにか熱中できることを見つけておいたほうがいいのではないかと、あれこれさせてみるのですが、そうやすやすと、子どもは興味を示してくれません。結局、するのはゲームばかり。興味の幅を広げるのに、なにかいい方法はないものでしょうか。

心理学では、子どもが、周りのことがらに興味を抱くようになるのに、人の介在が必要だといいます。たとえば、小さな子どもは、買ってきたおもちゃよりも、大人が使っているメガネケースや、テレビのリモコンなどを手にしたがります。大人がさわっているもののほうが、おもしろそうにみえるのでしょう。子どもは、人がしていることをしたがります。反対に、したくなるようなことをする人が近くにいなければ、したくなるようなこと、つまり興味をもつようなことを、子どもはもてないのです。人の介在とは、そういうことをいっています。

ところで、発達障がいのある子どもは、周りにいる人たちがしていることに、あまり目が向きません。それゆえ、人を介在させて興味を拡大していくのが、とても難しいのです。しかも、このことは、発達障がいのある子たちのもつ、生まれながらの特性なのです。だとすると、興味の幅を広げるには、別の手立てを考えなくてはなりません。奇異にきこえるかもしれませんが、この子たちには、興味のあるものを、私たちがつくってあげる必要があります。見つけてあげようにも、見つからなかったのです。だから、つくるしかありません。

つくるためには、いいものをくり返し見せたり聞かせたりします。もちろん、嫌がることを無理やりさせたらいけません。良質な環境に置いてあげるのです。人の脳は、本人が意識しているかどうかにかかわらず、ふだん見聞きしていることを、好きだと判断するようになるのだそうです。脳科学では、そういわれています。そういえば、私たちは、子どものときに触れる機会の多かったことが、好きになっている気がします。仕事も趣味も、好きでしていることは、たいてい、子どものころから、どことなくなじみのあったことなのです。好きなことには、おのずと興味がもてます。脳が何度も、見たり聞いたりしたことは、やがて、子どもの興味のあるものになる可能性が高いのです。それを信じて、いまは、辛抱づよく、体験を積ませてあげましょう。

40 理解という言葉の危うさ

子どもを「理解」することが、大切だといいます。その通りなのですが、理解とはそもそもどういうことかと問われると、答えるのは、意外と難しそうです。

みなさんは、相手を理解するという行為の、危険な側面について、考えたことがあるでしょうか。友だちづきあいのことを、思い浮かべてみてください。いい友だちなのですが、ときどき気に障ることをいう人がいます。「あなたって、〇〇なところがあるよね」などと、決めつけたようないい方をするのです。その人は、こちらのことを理解しているつもりで、そういっているのかもしれません。しかし、仮にそれが当たっているとしても、「そのことを、あなたにいわれたくない」と思うときもありますし、心のなかを覗き込まれているようで、嫌な気分になるときもあります。たび重なると、相手に支配されている感じがして、息苦しくなります。理解は、いつでも支配に転じます。

ところで、子どもに障がいがあると、周りからはよく、たいへんでしょうとか、頑張っていますねなどと励まされます。励ましてくれるのは、ありがたいことです。ただ、なにか違うなと思うこともあります。たしかに制約は多いのです。しかし、自分たちとしては、頑張っているというより、どこの家もそうであるように、ふつうに日々の「やりくり」を持続させているだけです。「障がい児の親」

というふうに見られてしまうと、かえってやりにくいこともあります。

とはいえ、人には、自分のことを理解してほしいという願望もあります。安易にわかってもらうのは、迷惑です。しかし、わかってもらうこと自体は、強く求めています。とりわけ、人は、「自分が望むように、相手に理解してもらう」ことを、望んでいます。それは、理解というより、「承認」に近いかもしれません。得意なところも、苦手なところも、すべてわかっていてくれて、できないことがあっても、「しかたないでしょ、苦手なんだから」と、さっぱりいってくれたほうが、救われることがあります。こんなとき、私たちは、「しかたない」、つまり、いまのままの自分でいいのだということを、承認してもらいたいのだと思います。

まったく同じことが、子どもにもいえます。子どもを支配する理解ではなく、子どもが望む理解をしてあげたいのです。私たちは、「できる／できない」のものさしをあてて、その子がどんな子であるのかを、決めつけてしまいがちです。しかし、子どもは、「できる／できない」とは別の世界を生きています。手持ちの力で、したいことはするし、したくないことは、しぶしぶしたりしなかったりです。力が不足していたら、できないというより、やりようがないだけです。それでも、したいことはあるので、どうにか「やりくり」して、しようとします。思い通りいかずに、かんしゃくを起こすのは、「やりくり」に失敗してのことです。子どもが理解してほしいのは、こんな、ありのままの姿です。それを、そのまま承認もらえたら、もっとありがたいはずです。

41
客観的なこと、本当のこと

子どものことを正しく知るためには、客観的なものの見方が重要だといいます。ところで、「客観的」とは、どういうことなのでしょうか。すこし考えてみます。

私たちは、思い込みで子どもを見てしまうことがあります。また、親の都合が優先すると、子どもの見方は、偏ってしまいます。それゆえ、ときには、別の人に別の視点で、わが子を見てもらうことが必要です。私たち専門家でさえ、ときに見誤りがあるので、心配な場合は、知り合いの先生に、客観的な意見を求めることがあります。つまり、客観的とは、第一に、自分（主観）以外の他人（客観）の目線からはどうみえるのかを、問い合わせることです。

一方、この言葉は、もうすこし別の意味あいで使われることがあります。「発達検査をして、客観的に判断してもらう」といったときです。この場合、客観的という言葉は、他人の目でみるというだけでなく、「本当のこと」がわかるといった印象を与えます。親として、子どもの「本当のこと」を知りたいと思うのは、当然のことです。

しかし、研究者の立場から冷静にいうと、発達検査をしても、「本当のこと」はわかりません。発達検査をすると、客観的に、つまりすべての思い込みを排除した「本当のこと」が明らかになると信じられがちですが、そうではないのです。わかるのは、たんに、「平均からどれだけ逸脱しているか」だけです。模擬テストの偏差値を出しているようなものだと考えてください。

それでは、私たちの求めている「本当のこと」とは、何なのでしょうか。正確にいえば、「この子が、これまで、どのような環境のなかでどう育ち、いまに至っているのか」ということ、さらに、それをもとに推測することになりますが、「この子は、この先、どのような環境を用意することで、どう育っていく可能性があるのか」ということです。「伸びしろ」までを含めて、子どもの「本当のこと」を、想定したいのです。

そこにアプローチするためには、育ちの経過をつぶさに振り返るとともに、実際、さまざまな働きかけを子どもにしてみたときのようすを、ていねいに見ていくしかありません。これには、相応の熟練がいります。経験豊かな専門家は、障がいのある子どもたちの成長経過を、大量に、しかも長期にわたって追っています。それゆえ、先々期待される変化も含めて、その子がどんな子であるのかを、高い精度で予測することができるのです。それこそが、「本当のこと」にもっとも近い、「客観的」な子どもの姿です。

ここまで書いて、ふと思いました。「本当のこと」とは、環境によって、どのようにでも変わります。ならば、「本当のこと」は、良質な環境を整えることによって、子どもが望むようにつくってあげるものなのかもしれません。それをするのは、やはり親です。

42 科学的とはどういうことか

つづけて、「科学的」とはどういうことかを考えます。科学的ときくと、絶対的に正しいという印象をもつかもしれませんが、むしろ逆です。科学的であるためには、正しさを疑うための、再現性、そして反証可能性といった条件が満たされなければなりません。

まず、再現性について。その名の通り、決められた手続きを踏めば、第三者が実験や調査をしても、同じ結果をもたらすことができるという意味です。だいぶ前になりますが、マスコミの前で華々しく発表された生命科学の研究成果が、直後に、その信憑性を問われるという事件がありました。世界中の研究者が再現実験を試みたものの、結局、誰も成功しませんでした。それが決定的な理由になって、あの発表は、科学的に認められないということになりました。

次に、反証可能性という考え方です。こちらも、文字通りの意味です。ある科学理論について、それが成立するかどうかを、反証できる可能性があるということです。科学的な研究とは、①科学理論に基づいた仮説を立て、②実験や調査の方法を明示した上でデータを収集し、③得られたデータの分析結果から仮説が正しかったかどうかを判断するというものです。反証とは、揺らぎないものと誰もが信じている科学理論があるときに、その理論ではどうしても説明のつかないデータが、ただ一度でも出現してしまうという事態です。反証可能性とは、そのような事態をいつでも起こしうるという前提で、科学が成立しているということです。ぴんとこない人が多いと思いますので、逆の例として、宗教を挙げてみます。宗教は、反証不可能です。宗教的な考え方を、実験や調査によって反証するということは、ありえないというか、意味がありません。信仰は、信じることに意味があって、反証されることを予定していません。宗教は、科学とは違った次元で、人々の心に浸透しています。

さて、ここまで長々とこみ入った話をしてきたのは、障がいのある子の療育や訓練が、「科学的」であってほしいと願ってのことでした。

療育や訓練は、それによって、子どもがすこしでもよくなるのでしたら、通わせたらいいのでしょう。他方、本人はもちろん、きょうだいをはじめ、家族に大きな負担をかけて連れていくのですから、あまり変わり映えがしないと、がっかりです。

親としては、どうにかして、わが子にあった場を、見つけてあげたいのです。そのとき、「効果があります」と、強くアピールするところは、避けておいたほうが賢明です。再現性ということでは、療育や訓練は、いまだ、科学的に未熟なレベルにあるからです。反証可能性についていえば、ある種の信仰のように、「この方法でないとこの子は治せません」といいきる人は、科学的でありません。あまり断定的なことをいわない先生にみてもらうのが、よいと思います。

43 子どもの表現をキャッチする

障がいのある子どもを前に、「この子は、どれくらいわかっているのだろうか」と、思うときがあります。こちらのいっていることがわかっているか、絵やカードの意味がわかっているかといったようにです。ここで、立場を入れ替えてみます。子どもは、私たちを見て、「この人は、どれだけ、ぼく／私のいっていることがわかっているのだろうか」と思っているかもしれません。言葉だけではありません。手持ちの表出手段が、とても限られている子どもたちです。私たちは、この子たちが発信しているメッセージを、どれほどキャッチできているのでしょうか。

そんなことを痛感した事例を、一つ紹介します。何年か前、ゼミの学生さんが、重度の脳性麻痺の中学生に学習指導をして、その経過を卒業論文にまとめたいといってきました。四肢がほとんど動かせず、声を発することもない子どもです。学校の先生からは、知的にも重い障がいがあると思われていて、授業では、勉強のようなことをあまりしてもらえませんでした。しかし、お母さんの見立ては違っていました。この子はわかっている、勉強もやればできるはずだというのです。残念ながら、そのことを先生に伝えても、なかなか取りあってもらえなかったようです。ただ、親も、それを確かめるすべがなく、学生さんに家庭教師を依頼したのでした。

後日、学生さんといっしょに、本人に会いにいきました。からだを自発的に動かすのは困難でしたが、ものはよく見ていて、周りからの声かけも拾っているようにみえました。「この子はわかっている」と、お母さんがいう気持ちがよくわかります。学生さんには、目の動きで表現させれば、この子の意思をキャッチできる可能性があるので、二択クイズの形式で学習を進める提案をしました。やってみると、お母さんの話していた通りでした。絵本は、物語の筋をつかんでいて、次になにが出てくるか、二択で問題を出すと、目で見て答えます。足し算もしてみたら、正答に視線を向けるのです。それまでは、本人の気持ちや意思を、お母さんが上手に汲んであげていたのでしょう。今度は、それを自分で表現したら、ちゃんと人に伝わるということを学んだのでした。

それにしても、この子は、これまでどんな世界を生きていたのでしょうか。周囲からの情報は受け取れても、自分から表現する手立てをもたなかったのです。いつも近くにいるお母さんだけは、どうにかわかってくれても、ほかの人たちには、なにか思うことがあっても、まったく伝わりませんでした。その究極の状態にあるのが、「閉じ込め症候群」です。表出の手段が失われているので、周りからは、意識があるかどうかすらわからないのです。いわゆる植物状態といわれる患者さんのなかに、このような人がいるといわれています。正式な医学用語です。

私たちも、こういった状況に置かれる可能性はあります。そんなとき、せめてＹＥＳ／ＮＯだけでも表現できて、それが相手に伝われば、どれだけ救われることでしょうか。

44 克服か、やりくりか

大人は、子どものことを、「できる／できない」の目線で見てしまいがちです。そのすべてが、いけないとは思いませんが、いつもそんな目で見られる子どもは、息が詰まります。

自分たちにあてはめて、考えてみます。職場では上司や同僚から、家に帰れば家族から、「できる／できない」のものさしをあてられ続けているとします。つねに、できることだけが要求され、できないと、ささいなことでも、とがめられるのです。「私だって、一生懸命やっているんです！」「あなたにはできるかもしれないけれど、私には無理です！」と叫びたくなりませんか。ただし、声に出していうと面倒なことになるので、心のなかでつぶやきます。

こんなとき、なにが人を苦しめているのでしょうか。自分なりにやっていることを、わかってもらえないつらさがあります。いえいえ、わかってもらわなくていいけれど、せめて頭から否定するようないい方はやめてほしいと思うかもしれません。いずれにせよ、できずにいるこちらの言い分にもすこしは耳を傾けてほしいという願いは、なかなか叶えられないのです。

子どもの話に戻りましょう。子どもにも、当然、言い分があります。その子なりに頑張っているのです。それを私は、「やりくり」と呼んでいます。「できる／できない」という、外から捉えた子どもの姿と、実際にその子がしている「やりくり」とは、しばしば食い違っています。できないと決めてしまわずに、その子がどう「やりくり」しているのかを、よく見てあげたいのです。

たとえば、自閉症の子どもが、毎日同じパターンで生活するのも、「やりくり」の一つです。この子たちは、「はじめて」のことが苦手だといわれます。苦手、つまりできないと、外からはみえますが、子どもの言い分はきっと違います。子どもは誰もが、「はじめて」のことにストレスを感じています。それでも、ほどなく子どもは、「はじめて」のことを自分の経験として蓄積させ、それはやがて、「はじめて」のことでなくなります。ところが、自閉症の子どもは、一つのことを経験するのにひどく時間がかかるため、蓄積されている経験の数がとても少ないのです。この子たちにとって、周囲の環境は依然、「はじめて」のことだらけなのかもしれません。どれもこれも「はじめて」のことばかりで、それらすべてに対応していたら身がもたないのです。苦手だからしないのではなく、消耗しないよう、回避しているのです。これが、いつものパターンを変えない理由です。この子たちの行動を、「こだわり」と呼ばないでください。子どもなりの「やりくり」なのです。

障がいとは、乗り越えたり、克服したりする対象ではないのだと思います。子どもがしているのは、「克服」というより、「やりくり」なのです。「やりくり」のしかたを変えろといわれても、急には無理です。私たちは、子どもがいま、どういう「やりくり」をしているのかを知り、あとすこし上手な「やりくり」ができるよう、手助けするしかありません。

45 違った環境に身を置く

作家であり思想家である東浩紀さんの本に、おもしろいことが書いてありました。東大に入るには、東大合格者の多い高校に行くのがいちばんなのだそうです。あたりまえではないかといわれそうですが、なるほどと思ったのは、その理由でした。そういう高校には、難関校の受験に最適な環境が整っています。参考書選びにしても、勉強の仕方にしても、合格のためのノウハウが確立されていて、生徒は、周りがやっていることをすればいいのです。

東さんによれば、私たちは、自らの能動性を信頼しすぎているのだといいます。人は、自分たちが思っているよりもずっと、環境に左右されています。ですから、自分を変えたければ、いまとは違った環境に身を置くことが、いちばんのお勧めです。そこでたまたま知り合った人とのかかわりから、自分が変わるきっかけをもらうのです。いい出会いは、思いもよらぬ価値観を、人に与えます。ただし、このとき、あまり能動的にならないようにしてください。やる気が強すぎる人は、いまの自分が望んでいるものしか手に入れようとせず、いつまでも自分の枠から出られません。

こんな話を、先日おじゃました、ある親の会の懇談会でしました。特別支援学校の高等部に通う娘さんのことで、質問を受けたときのことです。

お母さんによると、知的障がいのある娘さんが、まったくおしゃれをしないというのです。まだ高校生なのだし、そこまで気にしなくていいように思いましたが、あまりに無頓着だと、親としては、やはり心配なのでしょう。「本人に自覚を促すには、どうしたらいいですか?」と尋ねられたので、私は迷わず、「それは無理!」とお答えしました。なんともそっけない返答に、きいていたお母さんたちは思わず吹き出していましたが、娘さん本人にしてみれば、なにも困っていないわけですし、自覚といわれても、おそらく、ぴんとこないでしょう。

しかし、自覚は無理でも、手立てはあります。いちばんいいのは、おしゃれをしている人のいる環境に置いてあげることです。学校のようすを尋ねると、周りは男の子がほとんどで、数少ない女の子も、おしゃれには関心がないようでした。ふだんから、おしゃれと無縁の環境にいたら、自覚はおろか、興味さえもてません。特別支援学校という場の制約が、こんなところにもあるのかと、考えさせられました。

お母さんたちには、おしゃれのことが話題になるような場所がないか、きいてみました。「女性の多い職場で、実習させてもらったらいい」、「うちのヘルパーさんが素敵な人だから、その人に頼んで、雑貨屋さんなんかに連れていってもらったらいい」などと、いろいろなアイディアをもらいました。出かけた先で、娘さんのことをあまりよく知らない人から、「そのアクセサリー、似合うわよ」とでもいってもらえたら、案外その気になるかもしれません。

46 調子の悪いときには悪いなりに

いいときと悪いときの波があるのを、どうにかできないかと、尋ねられます。

もっともシンプルなのは、「大人にだって波はあるのだから、しかたがない」という答えです。これで納得してもらえるのがいちばんです。そうはいっても、実際、悪いときは、いつもしていることができないし、何をするにも、いちいち時間がかかります。親は、困っています。

そこで、次の答えは、「調子の悪いときは、悪いときなりにやりくりする方法を、いっしょに見つけてあげる」というものです。どういうことか、すこしお話しします。

まず、調子が悪いときの理由を考えてみます。睡眠や栄養が足りていなかったり、風邪気味であったりと、素朴に、生理的な理由かもしれません。さらに、よくあるのが、脳疲労とよばれる状態が推測される場合です。ストレスフルな環境に置かれ続けると、脳は、ひどく疲労します。また、たとえ、好きなことであっても、やりすぎは、脳を疲れさせます。とくに、スマホやゲームは、要注意です。いずれの場合も、脳の過活動によって、集中力や判断力の低下をもたらします。

一方、調子を崩す理由を特定するのが、難しいこともあります。停滞ならまだしも、明らかに後戻りしてしまうことがあります。思い当たる理由はないのですが、なぜか、それまでできていたことができなくなってしまうのです。こういうことは、わりとよくあります。

しかし、いずれにしても、子どもには責任がありません。調子がいいとか悪いとかを、子どものせいにしてはいけません。子どもも、好んで調子を崩しているわけではないのです。調子が悪くて、いちばん困っているのは、子ども自身です。

では、どうしたらいいのでしょうか。子どものことをいう前に、私たちが、どうしているのかを考えてみます。朝から頭痛がひどかったり、ここのところの忙しさで、ひどくいらだっていたりします。こんなとき、私たちは、悪いときなりの「やりくり」をしています。とりあえずしなくてはいけないことだけをすませ、明日できることは、明日にまわします。不要なトラブルを避けるためには、人とあまり会わないようにするのが、いいかもしれません。

とはいえ、子どもは、私たちのように、上手な「やりくり」ができません。ですから、その方法を教えてあげたり、いっしょに考えてあげたりする必要があります。

たとえば、ふだんは、ぜんぶ自分でしている片付けも、半分だけすればいいことにして、残りは手伝ってあげます。いつもと違うことをさせるのも、避けておいた方が無難です。いましなくても、いずれ、する機会はいくらでもあります。先延ばしは、高度な「やりくり」の一つです。こんなふうにしていると、不調モードはそう長引くことなく、やがていつものわが子に戻ります。そんなに心配しなくても、大丈夫です。

◆コラム◆子育てアラカルト⑨

◆…大人が先に、約束を守る

子どもに約束を守らせたければ、大人が先に、約束を守ってみせなくてはいけません。「約束を守るとは、こういうことです」という、見本を示すのです。

子どもは、しばしば、「約束」とはどういうことか、よくわかっていません。それを教えるには、「言ったことを、きちんと実行するのが約束である」ということがわかるように、大人が自らやってみせなくてはいけません。「公園に連れていく」といっておきながら、用事ができて行けなくなったとしたら、事情はどうあれ、約束を守ったことにはならないのです。それがくり返されると、子どもは、約束の意味を取り違えます。破ってもいいものが約束だというふうに覚えてしまったら、あとで困るのは子どもです。

はじめは、子どもが喜ぶことを、約束通り、大人がしてあげるのがいいでしょう。子どもが、いい思いをたくさんしたところで、「今度は、あなたがお母さんの喜ぶことをしてくださいね」と頼みます。もちろん、すぐにできそうなことをです。できたら、「約束を守ってくれて、ありがとう」と、感謝の気持ちを伝えます。人にしてもらい、自分でも実行してみてはじめて、「約束を守ると、相手が喜んでくれる」ということを知ります。

第8章

大人になっても手をかけ続ける

47 がっかりしたくない

私は、脳性麻痺の子どものリハビリに、長く携わってきました。いまも昔も変わらない風景は、リハビリを受ける子どもの姿を、固唾をのんで見守る親の姿です。子どもが、まっすぐな姿勢で立てると、その瞬間を、お母さんたちは、一生懸命、写真やビデオに撮って帰ります。お家に帰って、家族に見せたいという人もいるでしょうし、自分の宝物にしておきたいという人もいるでしょう。子どもは、親の期待を一身に引き受けて、リハビリに臨んでいます。

そんな親の期待も、ときに揺らぐことがあります。養護学校の寄宿舎に勤める指導員の人からきいた話です。中学部のエイキチ君が、本人の希望で寄宿舎に入舎してきました。脳性麻痺のために、車いす生活をしています。寄宿舎には、教育的入舎という制度があって、同じような障がいのある仲間と生活をともにしながら、自立を図るのだそうです。家庭では、親が手助けしてしまうことが多いので、寄宿舎も、上手に利用したらいいのだと思います。

入舎後、指導員の間でたちまち話題になったのが、エイキチ君の排泄でした。エイキチ君は、日常的におむつをしていました。気持ちはしっかりした子なのですが、ともかくからだが硬く、バランスも悪いため、便座に座ることができません。きょうだいが多いこともあって、親も、エイキチ君ばかりに手をかけてあげられず、トレーニングがおろそかになってしまったとのことでした。寄宿舎では、話し合いを重ねた末、この先のことも考えて、なんとかおむつをはずしてみようということになりました。

後日、本人に、そのことを伝えました。はじめは、ぴんと来ていないようでした。生まれてこのかた、ずっとおむつの生活なので、さほど困っていなかったのです。パンツに替えることを提案しても、どちらでもいいというふうでした。弟くんがはいているパンツのことなのだと説明すると、ようやく納得しました。パンツは、自分がはくものだとは思っていなかったようです。おむつをはずしての排泄は、すぐに成功しました。そのことをお母さんに告げ、次回の帰省のときに、パンツを用意してほしいとお願いしました。ところが、お母さんの反応はいまひとつなのでした。実際、エイキチ君が持たせてもらったのは、弟くんのお古でした。これには、指導員たちもすこしがっかりでしたが、そこは気を取り直して、練習を続けました。

その後も順調に運んでいたある日、パンツのことをお母さんに尋ねてみました。お母さんは、「パンツときいたときは、とても信じられませんでした。そんなことをうちの子に期待していいのだろうかと。いえ、また、がっかりさせられるのが、つらかったのかもしれません」と、揺らぐ胸のうちを語ってくれました。実は、お母さんも、これまで何度となく試みたのだと思います。翌週、お母さんは、新品のパンツを届けてくれたそうです。

48 可愛がって育てる

わが子の幸せをいちばんに考えるのが、親というもの。それを願って、親は、小さいころから、してあげられることは何でもしてあげたいと思うのです。それにしても、親が子どもにしてあげられることとは何なのだろうと、ときどき考えてしまいます。子どもが大きくなるまでの経過をたくさん見てきた専門家のあいだでは、よく、「可愛がられてきた子どもは、大丈夫ですよね」といった言葉が交わされます。この言葉は、おそらく、一つの真実をいい当てています。

自閉症と軽い知的障がいがあって、小学生のときから私のいる大学の相談室に通っていたゆめさんです。低学年のころは、よくいえば、あっけらかんとしていてかわいらしい子でした。でも、周りに対してあまりに我関せずといったふるまいをするので、いまはよくても、このまま大きくなって大丈夫だろうかと心配していました。案の定、中学、高校へと進むにつれて、とくに同性の友人とのあいだで、小さなトラブルがありました。彼女のことを知らない生徒からすれば、突飛な行動や発言に、「あの子はいったい何なんだ」ということになるのです。

お母さんからも相談を受け、学校の先生とも、ことあるごとにお話しをしてきました。幸い、中学でも高校でも、先生たちがよく理解してくれました。そんなある日、ゆめさんの障がいのことを、周りの生徒に説明したほうがいいのではないかという、高校の担任からの提案がありました。先生が、簡潔な原稿にまとめてくださったので、お母さんと私とで読み合わせをしました。ゆめさんにも、内容を伝えました。後日、ホームルームの時間、本人には席をはずしてもらい、担任が原稿を読み上げました。生徒たちには感想を書いてもらいましたが、優しいメッセージばかりでした。以来、周りの生徒も、よくかかわってくれるようになり、そうすると彼女も、いっそうかわいらしいそぶりを見せるのです。彼女なりのキャラを、仲間が認めてくれるようになりました。

こんなゆめさんも、就職しました。当初は、半年働けたらいいと思っていたのですが、翌年の年賀状には、「楽しく仕事をしています」とありました。お母さんからはときどき連絡をもらいます。職場でも、あれこれ手助けしてもらいながら、ずいぶん可愛がってもらっているとのことでした。かれこれ十年、なんと、まだ続いています。

これだけ可愛がられるのは、彼女のもって生まれた性格なのかもしれません。でも、それだけではありません。誰より、お母さんが、手をかけて育ててくれました。手をかけるといっても、苦手なことをどうにかしようというのではなく、可愛がってくれる大人のもとへと、彼女を導いたのでした。おかげで、たくさんの人に可愛がってもらえました。周りからすると、どこか放っておけないオーラが、この子にはあります。可愛がられ慣れているのです。だから、大人になってもみんなに可愛がってもらい、情緒的に、とても安定しています。

49 ご飯だけは食べに帰ってくる

もう一人、礼治君も、古くからのおつきあいです。保育園のころは、衝動性が高く、周りの子どもを、すれ違いざまにつついたりしていました。そんな彼には、中堅の、厳しいけれどとても優しい先生が、ほぼつききりでかかわってくれました。乱暴なことをしてはいけないとくり返し教え、我慢できたら、この子の好きなことをいっぱいしてあげました。おかげで卒園を迎えるころには、言葉はまだ荒っぽかったものの、パンチやキックはすっかり影を潜めました。

家でも、たいへんでした。お母さんは、無茶なことをするわが子に、困り果てていました。ただ、とことん困ると、かえってふっきれてしまうお母さんなので、どうにも収拾がつかなくなると、礼治君の前に立ちはだかり、「これ以上、だめなものはだめです」と、けっして譲りませんでした。

学校にあがってからも、教室でじっとしているのが耐えられません。籍は特別支援学級に置いたのですが、知的にも高いし、することが物足らないのです。幸い、小学校でも、保育園のときと同様、しっかり彼をつかまえておいてくれる先生とのご縁がありました。礼治君の興味を引く教材を用意してもらい、やればできるという経験をたくさんさせてもらいました。

中学生になって以降、しばらく連絡が途絶えていたのですが、先日、親の会で、久しぶりにお母さんに会いました。中学校では、部活が忙しくて、目立ったトラブルはなかったものの、高校が続かなかったとのこと。そんな話をきくと、「どうにか助けてあげられなかったものか」と、間をあけたことを後悔するのでした。とはいえ、それ以上に、お母さんは心を痛めているはずです。詳しく、事情をきくことにしました。

高校を退学してからは、生活が、昼夜逆転してしまったそうです。外泊してくることもあるというので、どうしたものかと思案していると、そこには、保育園のころのお母さんがいました。かつてのように、心配でしかたないのですが、実に、さっぱりしています。お母さんと話していると、とりあえずの道筋はつくのでした。というより、お母さんのなかでは、すでに答えが出ていて、私は、それを後押しするだけです。いまの生活のようすを、具体的に尋ねました。好き勝手にやっているのです。でも、ぎりぎりのところでは、踏みはずしません。外泊をしても、ご飯だけは食べに帰ってくるそうです。お母さんのご飯が、おいしくてしかたないのです。お腹が満たされれば、とりあえず、親のいうことの一つや二つはきいてくれます。

これまでずっと、「だめなものは、だめ」と教えられてきました。でも、帰ってくれば、温かいご飯が待っています。「学校にはもう戻らないだろうから、しばらくは、このまま見守ります。この子は自分で仕事を見つけてくるでしょう」というのが、お母さんの考えでした。その通りだと思いました。困ったとき、今度は、できれば早めに連絡をくださいといって、お別れしました。

50 大人としてのふるまいを教える

大人になっても、ややこしいことは、いろいろあります。お母さんたちから受ける相談は、こんな年齢なのに、親が口出しをしていいのかというものです。私のアドバイスは、決まって、「どんどん口出ししてください」です。きいてくれるかどうかわかりませんし、くどくどいうと耳をふさぎます。ですが、ふだんの生活、仕事先でのふるまい、そして異性とのおつきあいに至るまで、二十歳になったぐらいでは、まだまだ目を光らせていないといけません。早々と、手を離さないほうがいいと思います。

私がこうお答えするのは、この子たちが、時間はかかるものの、教えたことは必ず身につけているという事実があるからです。反発したり、きいていないふりをしているようでも、昔からいい続けたことは、しっかり頭に入っています。たとえば、自分が使った食器は流し台まで運ぶ、家族が病気になったら手伝いをする、帰りが遅くなるときには必ず連絡を入れる、いらいらして物を壊すと小遣いから弁償しなくてはならないなど。どれも、仕向けてきたことは、いつのまにか理解し、実行しているのです。親も、そこそこ苦労した甲斐があるというものです。以前と比べれば、ずいぶんたくさんのことがわかるようになっています。

そうはいっても、心配事は、尽きません。飲酒運転は絶対にしてはいけない、お金を貸したり借りたり保証人になったりしてはいけないと、いちいち、いっていいものでしょうか。いいのです。親にとって、わが子はいくつになっても子どもです。大きくなればなったで、大人としてのふるまいを教えてあげたらよいのです。そのほうが、子どもも、自分が大人として扱ってもらっているという感覚がもてます。大人として対等に話してみると、わが子も案外、周りの期待に応えようとしていることを知り、驚かされます。大人になってからのほうが、しっかりしてくるのです。

脳科学でいわれていることですが、これまで考えられていた以上に、脳は、時間をかけて育つようです。自分の行動がきちんとコントロールできるまでに脳が成熟するのは、平均的な人でも、二十歳を過ぎてからだそうです。障がいがあって、育ちの遅い子でしたら、大人になってからが育ち盛りということがありえますし、事実、そう思える事例がたくさんあるのです。そういう子は、学校を卒業してから、めきめきと成長します。

先日、ある小児科医の先生が、講演で、「幼いころのささいな問題が、大人になって、重大な問題に発展することはない」と、いっていました。いやな事件が報道されるたびに、うちの子は大丈夫だろうかと心配してしまいます。子どもが起こす小さなトラブルは、ちょっとしたはずみで起きていることがほとんどです。あまり、気にしないでください。私の知る限り、いくつになっても親が手を離さなければ、取り返しのつかないことにはなりません。

51 親の生活も大切

長く続いている親の会では、大学生の子どもさんのことが、話題にのぼります。私は、大学も、できれば自宅から通えたほうが安心かなと思っています。先日お会いしたお母さんも、そう考えていて、息子さんには、片道二時間近くかかるのですが、自宅通学をさせていました。お母さんの心配は、二年生になって、帰りの遅い日が続くことでした。理系の学部なので、実験で遅くなるのはしかたないとして、理由はそれだけでありませんでした。本人にきいてみると、どうやら、道草を食っているらしいのです。怪しいところに立ち寄るような子ではないのですが、わざわざ、時間のかかる帰り方をしているのでした。急行を使わずに普通列車で眠ってきたり、駅のベンチでぼうっと座っていたり、はたまた、一駅前で降りて、歩いて帰ってきたりしているのです。

この話をきいて、ある本を思い出しました。人工知能の研究に携わる著者が、交通事故による脳震《のうしん》盪《とう》症と闘う自身の経験を、研究者ならではの言葉で綴った本です。事故後、著者は、簡単な物事の判断すらできなくなる、認知的劣化という事態に襲われます。ひとたび劣化が生じると、回復には一定の時間がかかるのですが、著者は、その仕組みについて、「認知バッテリー」というたとえを使って、ひじょうに興味深い説明をしています。

脳震盪症の人は、脳にエネルギーを供給する、三つのバッテリーを備えているといいます。バッテリーAは、すぐに利用でき、充電も数時間内ですみやかになされます。バッテリーBは、バッテリーAが使い果たされると利用可能になる予備電源です。充電に時間がかかり、数日を要する場合もあります。そして、バッテリーCは、バッテリーBが枯渇し、緊急にエネルギーが必要になると、最終的な手段として利用できます。ただし、注意深く使わないと、充電速度が遅く、最大で二週間かかるそうです。しかも、やっかいなことに、脳震盪症者は、バッテリーCが完全に充電されるまでバッテリーBが、バッテリーBが完全に充電されるまでバッテリーAが充電できないのです。そのため、電力の消費が著しい作業を続けると、すべてのバッテリーがダウンし、しばらくの間、なにもできなくなってしまうのです（クラーク・エリオット『脳はすごい』青土社）。

先ほどの大学生ですが、脳を休ませて、充電しているのだと思いました。実験に追われる大学生活が、脳に大きな負荷をかけていたのでしょう。予備の電源に手をつけなくてすむよう、普段使いのバッテリーAを、こまめに充電していたのです。それなら、さっさと帰って、早く寝るのがいちばんなのですが、長い通学時間、すこしは楽しみがないと気の毒です。

しかし、遅くなるのにも限度があります。親の生活が乱されないのか、お母さんに尋ねたところ、やはり、あまり遅いと、次の日に響くといっていました。それなら、門限は決めた方がいいとお話ししました。本人にとっても、飲み会など、気の進まない誘いを断る理由になります。

52 就労を考える

近ごろは、障がいのある人の就労を支援してくれる団体があちこちにできて、卒業後に行く先がなくて困るということが、ほとんどなくなりました。親としても、わが子にあった就職先を見つけてあげたいし、また、働くために身につけておいたほうがいいことがあるのなら、いまからでも、できることはしてあげたいと思います。

それはそうとして、ここでは、就労のことを、ちょっと違った視点から考えてみます。

就労支援では、マッチングといって、本人の適性と職種との相性が重視されます。一方、学校選びのときもお話ししたことですが、相手が「待っていてくれる」ということも、とても大切な要素です。「いらっしゃい」と、歓待してくれる場所に赴くのが、人は、いちばん幸せだからです。

このことは、就職活動全般にわたっていえることです。いまどきは、なにがなんでも自分にあった仕事を見つけるのだという学生さんがいますが、はたして、そんな職業があるのでしょうか。それよりは、自分を必要としている職や職場を見つけたほうがいいと思うのです。もちろん、たんに人手が足りないからということではいけません。何度も会ってみて、先方が、「この人なら、うちの会社で育ってもらいたい」という気持ちで待っていてくれるのが、理想です。

もう一つ、お伝えしたいことがあります。実社会とは距離のある、十代の純粋な時期だからこそ、子どもを、就労ということばかりに追い立てないでほしいのです。この時期には、もっと、「いろいろな経験」をさせてあげたいのです。特別支援学校の中学部や高等部の授業が、就労に向けた実習一色でいいのか、とても気になっています。たしかに、働くための技能や、職場で求められる人間関係のスキルなどは、ある程度まで身につけさせておいたほうが安心です。しかし、就労という目標だけが強調され、その準備にあまりに多くの時間を費やさなくてはならないというのは、どこか間違っていいます。私の職場にも、この子たちは、清掃作業などの実習に来ています。浮かぬ顔をして立ちすくむ高等部の生徒さんを見かけるたびに、とても気の毒になるのです。

そうではなくて、いましていることが、いずれ、どこでどう役立つかわからないという発想をもってほしいのです。何に役立つかは、未来のどこかで決まります。「いろいろな経験」を積んでいると、してきたことが、将来、意外な場所で使えるかもしれません。

就職が決まったとしても、今度は、膨大な余暇時間をいかに穏やかに過ごすかという問題が浮上します。親としても、なにもすることのないわが子を見ているのは、つらいものです。これからは、障がい者のための社会教育といったものも、充実させなくてはいけません。市民としての学びです。そこにつなげることを想定して、「いろいろな経験」をさせたいといったのでした。就労を優先するあまり、「学業など、どうでもいい」というふうには、けっして思わないでください。

◆コラム◆子育てアラカルト⑩

◆…診断の難しさ

いろいろな親子に会います。

小六の子どもさんは、とても頭がよさそうで、お母さんにべったり。お家では、とても可愛がられているようにみえました。でも、学校では、あまりうまくいっていなくて、気に入らないことがあると教室を飛び出し、まる一日戻ってこないこともあるようでした。

外部の教育相談には、何度か訪れたことがあるそうですが、医療機関には受診していませんでした。立場の違う人の意見をきいてみるのも悪くないとお話ししたところ、お母さんは、「もう、わかっている」のだといいます。「うちの子は、病院に行けば、自閉症スペクトラムという名前がつくはず」と、ほぼ確信していました。

そのあとは、診断の話になりました。診断をしてもらうことのメリットも、デメリットも、お母さんは、よく承知していました。そして、最後に、お母さんは、「やっぱり、いまのまま、ようすをみます」といって帰りました。

その理由は、こうでした。

「この子が、そういう障がいだということは、おそらく間違いないと思います。ただ、この子に、診断をつけてしまうと、うちの一族は、ほぼ全員、同じ診断がついてしまいます。わが家では、この子は、ふつうの子なのです」と。

なるほどと思いました。

診断というのは、「ふつうでないこと」をいうと同時に、「ふつうでない」ことから逃れられなくさせてしまいます。お母さんは、それを警戒したのかもしれません。

第9章

家庭内の心配事

53 互いに縛りあう関係

子どもとの関係が悪化して、深刻な事態に陥ることがあります。こんなことになるのはうちだけではないかと、頭を抱えます。

いいえ、そんな例は、わりとよくあるのです。典型的な事例を一つ紹介します。知的障がいの特別支援学級に通う男の子です。すでにその芽は、幼少時からあったのですが、小学校の中頃からは、子どもがお母さんを振り回し、要求がかなわないと暴力をふるうようになりました。お母さんも、すこしは立ちはだかるものの、すぐに押しきられてしまいます。傍目には、子どもに支配されているようにみえました。

身の回りのことは、もっと自分でさせたらいいのですけれど、ついつい手を出し、やってあげてしまうのでした。子どもは、いっこうに、自分からしようとはしません。小学校の高学年になっても、学校の仕度はおろか、着替えまでも手伝わせていて、お母さんは、まるでこの子の付き人でした。周りの人たちからも、「子どもに主導権を奪われてはいけない」と、なにかにつけて忠告は受けてきたのです。しかし、「やってみます」という返事ばかりで、なにも変わらぬまま、時間だけが経過していきました。

こんな状況を、どう理解したらいいのでしょうか。また、なにか解決の手立てがあるのでしょうか。たいへん酷な言い方になるのですが、「お母さんによるケアの独占によって、子どもが幼児化している」といった説明がなされることがあります。「手がかかってとてもたいへんなのだけれど、自分が面倒を見てあげないと、この子は生きていけない」という思い込みが親にはあって、実は、お母さん自身が子どもを縛っているというのです。お母さんを困らせることばかりしているとはいえ、子どものほうも、息が詰まっているのです。

心身ともに疲れきっているお母さんからしてみれば、こんな話をきかされて、たとえ、うすうす感じるところがあったとしても、喜んで受け入れる気にはなれないでしょう。もちろん、お母さんを責めるつもりはありません。むしろ、それだけたいへんな子育てを、お母さん一人で引き受けざるをえなくなった状況を、ほんとうはどうにかしなければならなかったのだと思います。

とはいえ、いまになってそんなことをいっても、事態はなにも変わりません。解決は難しいのですが、手立てがないわけではありません。「子どものケアを、ほかの人に分散する」というのが、一つの答えです。いざ、わが子を他人に頼むとなると、なかなか一歩が踏み出せないものです。ですが、これまで私たちは、このような事例を預かるたびに、ショートステイなどを上手に利用しながら、すこしでも子どもとの距離をもてるよう、道筋をつけてきました。時間はかかりますが、いつの日か必ず、互いに縛りあってきた親子の関係に、ゆるみが生じはじめます。

54 イクメンパパの苦悩

近ごろは、お父さんたちが、ずいぶん育児に参加してくれるようになりました。その一方で、このところ、にわかに、子育てお父さんをめぐる、新たな問題が浮上しています。子どもが、お父さんの言うことをきかないのです。お母さんが一人のときは、ふつうに過ごせているのに、お父さんが帰ってくると、そしていちばんたいへんなのは、休日に家族で外出すると、子どもが荒れて収拾がつかなくなります。すこし前までは、きき分けのないわが子を前に、お母さんたちは、「お父さんにきいてもらおう」といって、子どもを鎮めていました。しかし、いまどき、子どもに振り回されっぱなしのお父さんは、「お母さんにいうからね」ともいえず、うろたえるばかりです。かたや、そんな夫とわが子の姿を見ているお母さんは、ひどくいらだっているのです。

このような事例では、子どもは、たいてい、自閉症と診断されています。自閉症の子どもは、しばしば、自分の作った劇場で、周りの人を駒のように動かしています。お父さんは、登場人物の一人であり、その子の思い通りに動く、いわば召使い的な配役を与えられているのです。

ここのところ相次いで、この手の相談を受けます。たいてい、ご夫婦で面接にいらっしゃいます。お母さんは、あれこれお父さんに訴えているわりには、お父さんを頼りにしています。お父さんは優しく、夫婦仲もよいのです。お父さんには、どんなときに手を焼いているのかを、一つひとつ、話してもらいます。溜めこんでいる人もいて、書き出してみると、十個はくだらないこともあります。全部は取り上げられないので、三つか四つ、解決の手がかりを提案し、残りは、帰ってから二人で考えてもらうことにしています。

具体例を挙げましょう。幼稚園に通う、自閉症の男の子です。

毎日のお風呂のことで、お父さんが困っていました。お母さんと入るときは、からだも洗わせてくれるし、湯船にも静かにつかります。ところが、お父さんのときは、浴室が遊び場になってしまうのです。タイマーが鳴ったら、遊びを終わりにして出てくるよう仕向けましたが、効果はいまひとつでした。そこで、思いきって、お父さんとお風呂に入るのを、しばらく見合わせることにしました。ただし、男の子なので、ずっとお母さんと入るわけにはいきません。お父さんは、短パンにTシャツ姿で浴室に入り、からだを洗ってあげることにしました。うまくいきました。お父さんがいっしょに入らなければ、浴室は、遊び場でなくなったのです。

別の例です。ふだん、お母さんと車に乗るときは、チャイルドシートに座るのですが、休日にお父さんが運転すると、ベルトをはずして車内で跳びはねてしまうのです。そこで、車は、いつも通りお母さんに運転してもらい、お父さんには、「お客さん」として車に乗ってもらうことにしました。後部座席では、二人そろって、ベルトをしてもらいました。

55 トラブル発生！　とことんたいへんなのは三カ月

トラブルは、予期せぬタイミングで、私たちに降りかかります。渦中にあるときは、出口が見いだせず、先のことを考えると、気が遠くなります。

なかでも、近所づきあいのトラブルは、ひどく面倒です。子どもの騒ぐ声や、跳びはねる振動で迷惑をかけてはいけないと、親も、だいぶ気を遣ってきました。ここに越してきてからは、これでも、うまくやってきたつもりです。しかし、災難は、突然やってきます。うるさいと怒鳴り込まれたところで、これ以上どうすることもできず、毎日びくびくしながら生活することになります。

学校で起こるトラブルも、中学生以降になると、なにかとやっかいです。被害届をちらつかせながら、なかば脅迫めいたことをいってくる人がいます。SNS上のささいな一言で、セクハラ呼ばわれされた高校生がいました。また、荷物を移動させようとしただけなのに、窃盗と勘違いされて、警察沙汰になったこともありました。こうなると、事態は、思わぬ方向に進んでしまいます。一昔前なら、「このくらいは、いいではないか」と和解できていたことも、うっかりそんなことをいおうものなら、たちまち、認識不足だと追及されるのです。なんとも、不寛容な社会です。

こんな憂き目に遭ってしまったときの対処法を二つ、お伝えします。

一つは、味方になってくれる人を見つけることです。仮に、こちらの分が悪いとしても、いえ、悪いときこそ、信頼できる知り合いに話をきいてもらってください。わが子のトラブルとなると、ふだん冷静な人でも、取り乱してしまいます。人とおしゃべりしているうちに、自分がほんとうはどうしたいのかが、わかってきます。

場合によっては、弁護士さんにお願いしましょう。ツテがあれば紹介してもらい、なければ、地元の弁護士会が主催する無料の法律相談などに足を運んでみてください。弁護士ときくと、敷居が高い印象があるのですが、会ってみると、思いのほかよく話をきいてくれて、頼りになります。トラブルには、相手があります。相手がどう出てくるのか、自分だけで冷静に推理するのは、ひじょうに難しいのです。かえって、当事者でない人のほうが、よく見えています。そういうときは、自分の身の振り方を、他人に委ねたほうがいいことがあります。また、法律事務所を介在させると、相手も無茶なことがいえなくなります。こじれていた問題が、一気に動き出すことがあります。

もう一つは、やがて「区切り」となる日がやってくるまで、日々の生活を守ることです。これまでの事例を振り返ると、どれも、とことんたいへんなのは三カ月ぐらいという印象があります。三カ月で解決するというわけではありません。ピークを越える、あるいはめどが立つといいますか、とりあえず一つの区切りを迎えます。区切りは、ものごとを先に進めます。一息ついて、次の展開を待ちましょう。

56 親の会を長く続ける

親の会の存在が、とてもありがたく感じられることがあります。

会の集まりにはじめて参加したお母さんは、ほかのお母さんたちの話をきいて、「子どものことで悩んでいるのが、自分だけではなかったのですね」と、ほっとした表情をみせてくれます。みんなの前では話せなくても、会が終わって、同じようなことで困っているお母さんたち同士が、声をかけあう風景も、しばしば見かけます。子どものこともそうですが、夫婦の関係や、親族ぐるみのもめごとなど、そうやすやすと他人にいえないことでも、似た境遇にある人と出会うと、ちょっと話してみようかという気持ちになります。それでなにかが解決するわけではありませんが、きいてもらうだけでも、気分は変わります。

ところで、その親の会ですが、細く長く、続けられたらいいと思います。私がおつきあいしている会も、最長で、三十年を超えています。年金生活に入った親たちは、わが子のことより、自分たちの健康の話で盛り上がっています。それはそれで、和やかな光景です。会が長続きするのは、たまたまとしか言いようがないところがありますが、それでも、なにか秘訣のようなものがないものか、考えつくことをいくつかあげてみました。

●長きにわたって、会を支えてくれる支援者が必要です。親だけで頑張っているところも稀にありますが、面倒見のいい、地元の学校の先生や医師、保健師などが、会の集まりに顔を出してくれるところが、やはり長続きしています。困ったときに相談に乗ってくれる、顧問のような人もいると、安心です。

●年に一度、だいたい同じ時期に来て、話をしてくれる講師の先生がいるといいようです。あまり頻繁に行事をすると無理がくるので、お一人かお二人の先生にお願いするのがいいと思います。子どもたちの成長や親の会の行方を、見守ってもらいましょう。「お久しぶり、お元気でしたか?」と、七夕さまの会のように、毎年会えたら素敵です。

●本音で語りすぎないことです。お互い、大人として、そこそこ気を遣いながら話をしたほうが、参加しやすい会になります。気兼ねなくということは大切ですが、そういう人間関係が、かえって苦手な人もいます。本音が丸出しですと、一部の人の大きな声が、会を支配してしまいます。気の小さい人は、足が遠のいてしまうのです。

ざっと、こんな感じです。でも、なかには、どうしても親の会のようなものには参加しきれないという人もいます。そんな人たちと、私は、個人的にですが、「ドリームチーム」をつくっています。名簿もなければ、会費も不要。チームとして集まることもないし、入退会も自由です。困ったときにだけ連絡を取りあう、「弱いつながり」の支え合いです。

◆コラム◆子育てアラカルト⑪

◆…告知について

告知のことが、ときどき話題になります。本人に、障がいのことを説明したほうがいいかどうかという話です。とくに、発達障がいの場合、判断が難しいことがあります。

一部の専門家のあいだでは、小学校のころにすでに告知をするのがいいという考えがあるようですが、私は、まだ十分な分別のない学童期に伝えるのは、好ましくないと思っています。

自分とは、「自分のことを、自分で語ってきかせるストーリー」だともいわれます。たとえば、いま成功している人は、自らのサクセスストーリーを語って、それが自分だと信じています。反対に、どん底のときは、これまでしてきたことをくよくよ考え、だめな自分を自虐的に語ってしまうことがあります。

自分がどういう人であるかは、自らの語りによって、どのようにでもつくれてしまうという側面があるのです。私たちは、自分のことを、こうも語れるし、ああも語れるというわけです。そもそも、自分といった固定的なにかがあるわけではないのです。いろいろな自分を語れた方が、幸せになれそうです。

しかし、小さな子どもは、自分のことを語る経験が限られています。語る言葉も、不足しています。そんな子どもに、ひとにぎりの大人がつくった、発達障がいという生き方のストーリーを提示してしまうのは、その子の人生の幅を狭めてしまう恐れがあります。告知は、するとしても、もうすこし大きくなって、自分についての語り方がいろいろあるのだということを知るまで、待ったほうがいい気がします。

そこまで保留したところで、子どもが、「自分のことを、発達障がいという文脈で語ってみたら、それはそれとして腑に落ちた」といってくれたら、そのときが、告知のタイミングとしてはちょうどいいのです。それなら、数ある語りの一つとして、受け入れられるはずです。そのように語ってみてもいいし、そうでなくてもいいし、といったくらいで落ちついてくれたら、安心です。

時期としては、子どもにもよりますが、だいたい、早くても中学生、できれば、高校生以降です。高校生になれば、周りの仲間も分別がついてきて、よき理解者になってくれます。いじめの心配も大幅に減ります。

もちろん、わざわざ告知する必要はないと考える人もいます。そんなことをしなくても、ごくあたりまえに暮らしている人は、いくらでもいます。それで、大丈夫です。

第10章

未来に向けて

57 長い目でと、ようやくいえるとき

だいぶ前になりますが、小中学校の先生たちと、保護者支援の勉強会をしました。会の終わりに、質問を求めたところ、中堅の男性が手を挙げました。マイクをまわすと、その先生は、遠慮がちに、「質問ではないのですが、今日来てくださった皆さんにお伝えしたいことがありまして。すこし時間をいただけませんか」と切り出しました。

この先生には、障がいのある子どもさんがいて、その日は、教師としてだけでなく、親としても、参加したのだそうです。学校の先生たちにぜひわかってほしいと話された内容は、「親が育つのには、時間がかかる」ということでした。「障がいを受容する」といっても、それをすぐに親に求めるのは酷なことです。わが子に診断がくだされたからといって、その場で、親が納得できるわけではありません。わが子とどう向き合っていったらいいのか、着地点が見いだせないまま、悩み続ける人は、たくさんいます。そんな親の気持ちをわかってもらいたいのだと、静かに訴えかけてくれました。

そんな出来事を思い出したきっかけが、先日もらった一本の電話でした。二五歳になる自閉症の息子さんをもつお母さんからです。本人とも、ときどき電話で話したり、会って趣味の鉄道模型の写真を見せてもらったりしています。ていねいに育てられた跡のある息子さんで、ちょっとした所作や言

動に、とても好感がもてるのでした。小さいころから、人前でのふるまい方を、きっちり教えてもらったのでしょう。ただ、お母さんにしてみれば、厳しくしすぎたのではないかと、子育てにどこか自信がもてないようでした。

そのお母さんが、話してくれたことです。「最近ようやく、この子がいまのペースで、無理せず生きていければいいと思えるようになりました。先のことを心配するより、いまを大切にしなければいけないのですね。そう考えられるようになったせいか、近ごろは、自分が死んだ後も、この子ならどうにかやっていけると、信じてあげられるようになりました」とのこと。

こんな話がきけてはじめて、これまで、なにかにつけて不安を訴えてきたお母さんの気持ちが、すこしわかった気がしました。生真面目なお母さんは、できることがまだあるはずだと、自分を追い込むようにして、子育てを続けてきました。お母さんの「いま」は、つねに未来にとって不十分なのでした。ご自身が厳しく育てられてきたことも、影響しているのかもしれません。そんなに頑張らなくていいとわかっていても、そうしていないと不安になるのです。息子さんが成人してからだいぶたって、ようやく、お母さんは、それまでの呪縛から解かれはじめました。

それにしても、おつきあいは、もう、十五年を超えています。

58 子どもに求められていること

この時代、若い世代の人たちが、とても苦労しているようにみえます。すこし前になりますが、「世界一貧乏な大統領」という触れ込みで来日した、ホセ・ムヒカ前ウルグアイ大統領が、テレビの討論番組に出演していました。スタジオで、質問に立ったある若者が、「夢をもちなさいといわれますが、自分も含めて、周りの仲間はみな、日々の生活で精一杯です。こんな自分たちも、夢を追うことができるのでしょうか」といった趣旨の発言をしていました。それをきいたムヒカさんが、困ったような、そしてやや悲しそうな表情をしていたのが印象的でした。しばらくして、ムヒカさんは、とても冷静に、こう答えました。「いまの若い人たちには、求められていることが多すぎるのです」と。そうなのです。やれコンプライアンスの徹底だ、グローバル化への対応だと、数々のラベルが貼られた「求められていること」に取り囲まれ、多くの若者が、身動きがとれなくなっているのだと思います。

さらにやっかいなことに、かつては、そこそこ必要だとされていた程度のことがらまでが、「求められていること」のリストに書き込まれているのです。人間関係、コミュニケーション、レジリエンス（打たれ強さ）といったことがらです。

問題は、それらが、いつのまにか、人を評価するものさしになっていることにあります。評価というのは、人々を内部と外部とに区別します、内部に留まるためには、「求められていること」に応じるしかありません。人づきあいが上手でなくて、すぐにへこんでしまう人は、たいへんです。一昔前なら、おとなしいタイプという程度で許容されていた人も、ぼんやりしていると、外部に押し出されてしまうのです。

こうした社会の波は、障がいのある子どもの世界にも押し寄せています。いまどきの特別支援教育といえば、ソーシャルスキルやコミュニケーションスキルといった、対人スキルばかりに目が奪われています。どれも、ほぼ無批判に、「求められていること」として、指導内容に盛り込まれてしまうのです。それにしても、おかしなことです。できる／できないということでいえば、この子たちは、もともとそういったことができないから、障がいがあるといわれてきたのでした。それを、いまさら、「求められていること」として際だたせたところで、できないものはできないのです。

ここには、苦手なことを克服して内部に留まるという、健常者の志向が働いているのかもしれません。気づかぬうちに、私たちが、社会の波にのまれているのです。わが子を助けたいと思う親が、競争社会の論理を代弁し、逆に、子どもを追い詰めているのかもしれません。障がいのある子どもの生きる世界には、「求められていること」に縛られる現代社会の窮屈さを持ち込まないようにしたいのです。「あなたたちには無関係なことですよ」と、親が防波堤になれたらいいのですが。

59 見晴らしのいい場所に立つ

障がいのある子どもに、私は何をしてあげようとしているのだろうと、ときどき自問します。「困り感」や「生きにくさ」は、すこしでも減らしてあげたいのです。でも、それだけでいいのかとも思います。子どもをどんな方向に導いてあげたらいいのか、子育ての「向かう先」はどこなのかと。そんなことを、ときどき考えます。

よくいわれる、「障がいとうまくつきあっていけるようにする」という考えも、悪くはないのですが、それだけの人生というのも、もったいない気がしていました。そんな折、ちょっと素敵なエピソードに出会いました。脳性まひで身体が不自由な、はなさんのお話です。養護学校の高等部まで、寄宿舎で生活していましたが、就職が決まり、一人暮らしがしたいということで、小さなアパートに引っ越しました。そんなはなさんと、卒業後も長くおつきあいを続けている、寄宿舎指導員のかよこ先生が綴ってくれたエピソードです。求めていた答えのヒントが、そこにありました。やや長くなりますが、そのまま紹介します。

卒業して二十年が過ぎたはなさんから、思い出したように連絡が来ます。そんな時は決まって、落ち込んだときです。とりとめもなくおしゃべりするうちに、「先生、ありがとう。なんだかすっきりしたから、もう大丈夫」と、笑って電話を切ります。

幼い頃のはなさんは、両足を突っ張って歩く、脳性麻痺の子どもでした。歩けるものの、転倒が多く、怪我をしないかと、ハラハラしたことを覚えています。物心ついたときには、すでに入院生活だったといいます。自宅で過ごすことはほとんどないままに、小学部入学と同時に寄宿舎に入りました。しかも、遠隔地のため、当時の寄宿舎生活では、長期休業中ぐらいしか、家庭に帰る機会がありませんでした。十二年という長い時間を寄宿舎で過ごしたはなさんが、高校卒業後は地元に戻り、銀行に就職したときは心から喜んだものでした。

（中略）

現在では、車いすを使うことが多くなり、別の仕事に就いているはなさんですが、変わらず、一人暮らしを楽しんでいるようすです。

アパートの近くには、おいしいパン屋さんがありました。店舗が狭く、車いすではなかに入りづらいため、店の外から遠目に商品を眺め、好みのパンは、お友だちに頼んで買ってきてもらうのでした。ところが、そのパン屋さんが移転することになりました。すこし残念に思っていたはなさんでしたが、後日、そのお友だちが、郊外でオープンした店舗に連れていってくれることになりました。お気に入りのパンを久しぶりに味わえると、楽しみにして出かけたそうです。

新しいお店には、入り口に、緩やかなスロープが取り付けられていました。また、車いすが入れるほどのスペースもありました。いつものパンと決めていた彼女ですが、たくさんの商品を前にして、あれこれ目移りしてたいへんだったそうです。泣く泣く、食べきれる分だけのパンを自分で選び、はじめての味を思いきり堪能しました。

障がいがあると、経験できることの幅が狭くなりがちです。私たちは、この子たちを、もっと「見晴らしのいい場所」に立たせてあげたいのです。

寄宿舎を出たあと、一人暮らしができて、本当によかった思います。それだけでも、見晴らしは、だいぶよくなりました。とはいえ、自分で出かけられる範囲は、依然、限られたままです。はなさんにとっては、それがあたりまえでしたが、幸い、お友だちが、もっと見晴らしのいいところに、連れ出してくれました。

いまいるところが、どれだけ見晴らしがよくないか。それは、いまより見晴らしのいいところに立ってみて、はじめて気づくことです。しかも、もっと見晴らしのいいところへは、自分の力だけでは、行き着けません。人の助けがいるのです。その助けをするのが、近くにいる人の役目です。

60 残してあげるのは、記憶と記録

親が亡き後、子どもに何を残してあげられるのだろうかと考えることがあります。住む家や財産があるに越したことはないでしょう。もちろん、ものばかりではありません。私は、ものではない大切なことが、二つあると思っています。「記憶」と「記録」です。

はじめに、「記憶」です。どんな記憶かというと、嬉しかった「感触の記憶」です。感触の記憶とは、知的にではなく、からだにありありと残された記憶です。

こんな事例がありました。脳性麻痺のある、彩音さんの話です。子どものころから、私がリハビリをしてきました。以前は、いくらか歩けていたのですが、二十歳近くになってからは、車いすで生活することが多くなりました。この先、歩いて移動するのは困難であろうと判断するしかなく、そうなると、いましているリハビリの内容も、見直しが必要になります。

そこで、まず、本人の希望をきいてみることにしました。見直しのことを伝えると、彩音さんは、しばらく沈黙したままでした。きかれていることの意味がわからなかったのかもしれないと、心配しはじめたときでした。「でも、やっぱり、歩きたい」とつぶやく声が、きこえました。彩音さんのからだには、かつてリハビリで歩けたときの感触が、鮮明に記憶されていたのでした。前のように歩けるかどうかは、私が告げるまでもなく、本人がいちばんよくわかっていたはずです。それでも歩きたいと訴えるのは、小さなころに歩けた経験が、嬉しかった「感触の記憶」として、彩音さんのからだに刻まれていたからだと思います。

もう一つは、「記録」です。先々、親元を離れ、これまで一度も会ったことのない支援者と生活をともにすることがあるかもしれません。そのようなときに、もっとも充実させたいのが、余暇の時間です。日中、仕事に出ているときは、することが決まっていますし、支援者も、何を手助けしたらいいかわかっています。ところが、仕事のない時間は、たちまち、することがなくなってしまうのです。支援者としても、本人の好きなことがわかれば、あれこれ用意できますが、そうでないと、買い物やドライブに連れ出すことぐらいしか、してあげられることが見つけられないのです。

ここでほしいのが、「記録」です。好きだったもの、嬉しかった経験といったものは、子どもの記憶に留まっているはずです。それらが、「記録」として文字になっていれば、その子の小さいころを知らない支援者も、余暇の時間に提供できそうなことのヒントを、そこから探し出せるかもしれません。

最近は、サポートブック（子どもの情報と支援法をまとめた資料）を作ってくれるお母さんたちがいます。それを随時更新させながら、わが子の歴史として、綴ってあげてもいいでしょう。「記録」は、自分のことをうまく語れない子どもが、将来、心穏やかに生活するための必需品です。

あとがき

知的障がいの施設を利用していた、小学校三年生の男の子、カットシくんの話です。当時、私は、大学に通いながら、彼の暮らすその施設で、住み込みのアルバイトをしていました。夕方、授業が終わって帰ると、私の車の音を聞きつけ、「さとうせんせ〜」と、敷地中に響き渡る声をはりあげながら出迎えてくれるのでした。そんなに喜んでくれるならと、助手席に乗せて、近くをひとまわりしてあげたくなるのですが、「乗る？」と聞いても、顔をくしゃくしゃにして笑うだけで、すこしすると、その場を立ち去ってしまいます。

あのときの記憶は、三五年この仕事をしていて、ふしぎと色褪せることがありません。理由を考えたこともなかったのですが、このあとがきを書こうとパソコンに向かったとき、ふと、一つの言葉が浮かびました。「見返り」です。自分がしてあげたことに対して、相手になにかを求めることといったらいいでしょうか。思えば、カットシくんは、なんら見返りを求めることなく、私の帰りを待っていてくれたのでした。

子どもは、生まれたときから、周囲に期待され、いい方を換えれば、見返りを求められて大きくなります。親や先生から教えられたことは、ちゃんとできるようにならなくてはいけません。これが、大人への見返りです。まちがいではないにしても、ときにそれは、子どもを窮屈にさせます。私自身、好きなように子ども時代を過ごしてきたとはいえ、それでも、求められていた見返りは、ずいぶんあったような気がします。

大学に合格し、アルバイトを始め、カットシくんに出会いました。このときはじめて、見返りを要求されない関係というものを知りました。その心地よさというか、開放感というか、ともかく楽なのです。施設にいる子どもたちは、みな、いちいち私に見返りを求めませんでした。するとおのずと、私からも、見返りという感覚が消えました。

子どもには、してあげられるだけのことはしてあげて、あとはわが子を信じ、ゆっくりと、そして穏やかに、やがて立派に成長するのを待ってあげてください。見返りを求めないといわれても、いまは、とてもそんな心境になれないかもしれません。大丈夫、日常生活をていねいに生きていれば、かならずそういう日はやってきます。その日が来るのを、私も、気長にお待ちしています。

この本ができあがるまでには、たくさんの人たちの力をお借りしました。エピソードや資料は、子どもさんと親の人たち、そして保育や教育にかかわる先生たちからいただいたものです。ご厚意に、心から感謝いたします。また、岩崎学術出版社の小寺美都子さんには、企画段階から編集・出版にいたるまで、ながきにわたってお世話になりました。この場をお借りして、お礼申し上げます。

二〇一七年　春分

佐藤　曉

著者紹介

佐藤　曉（さとう　さとる）

1959年，埼玉県に生まれる。

筑波大学第二学群人間学類卒業，同大学院教育研究科修了。現在，岡山大学大学院教育学研究科教授。博士（学校教育学）。

【著書】「発達障害のある子の保育の手だて」「実践満載 発達に課題のある子の保育の手だて」「こぼれ落ちる子をつくらない『聴く保育』」（岩崎学術出版社），「発達障害のある子の困り感に寄り添う支援」「自閉症児の困り感に寄り添う支援」（学習研究社），「障がいがある子の保育・教育のための実践障がい学」（ミネルヴァ書房），他多数。

子どもと親のこころを支える シリーズ ①

わが子に障がいがあると告げられたとき

――親とその支援者へのメッセージ――

ISBN978-4-7533-1117-0

著者

佐藤　曉

2017年5月15日　第1刷

印刷・製本　(株) 太平印刷

発行所　(株) 岩崎学術出版社　〒101-0052　東京都千代田区神田小川町 2-6-12

発行者　杉田啓三

電話 03 (5577) 6817　FAX 03 (5577) 6837